A LAS SEÑORAS

A la dueña del hogar se dedica este libro de cocina, ya que la primera cocinera de la casa debe ser la señora, cualquiera que sea su posición social, si quiere tener orden y economía.

Este libro es tan completo, que no debe faltar en ninguna casa, pues con él se tiene siempre de todo.

En las poblaciones pequeñas donde sólo hay uno o dos comercios poco surtidos, es indispensable, para que las amas de casa preparen, a su tiempo, toda clase de conservas; de verduras, frutas, pescados y carnes.

Aprendiendo lo que este libro enseña, en forma tan sencilla, toda despensa estará siempre provista, facilitando a su dueña la preparación de una comida improvisada; se sabrá elegir menú y cómo ha de servirse. El libro, además, le ofrece recetas para preparar todo cuanto presente a sus invitados o a sus familiares, desde los entremeses hasta los licores.

Por todo lo dicho, es recomendable este libro, como premio para los colegios y escuelas de niñas, en la seguridad de que es el mejor regalo que puede ofrecérseles.

Contiene recetas de cocina de varias regiones, toda clase de postres en repostería y pastelería, helados, licores; todas ellas de resultado práctico, y la mayor parte económicas.

Las señoras encontrarán aquí toda clase de fórmulas para la limpieza, incluso lejías y jabones.

Por eso insistimos en recomendar, como premio, este libro; pues una señorita que sale de la escuela o colegio con uno de estos ejemplares y se aficiona a leerlo y practicarlo, está en vías de ser útil a su familia, proporcionándole, sin grandes dispendios, comida sabrosa y nutritiva.

También sería del agrado de todas las madres, que en las escuelas públicas de niñas se dedicase, un día a la semana, a práctica de cocina (como se hace en los colegios particulares), pues lo necesario para ello podría incluirse en los gastos de material.

Todo cuanto se haga por hacer de la niña una mujer educada e instruida, con toda la solidez que requiere la base del edificio de la sociedad, será poco si se compara con la transcendencia que ello tiene en la vida de la familia futura.

CALDOS

CALDO SENCILLO.—Para medio kilo de carne de buey póngase un litro de agua, sal, zanahoria y puerro; cuézase una hora antes de servirlo.

CALDO ESPAÑOL.—Póngase todo como en el anterior, agregando un trozo de jamón, dos jícaras de garbanzos previamente remojados y un trozo de chorizo.

Téngase hora y media cociendo a fuego lento, y puede servirse.

CALDO DE AVE.—Córtese en trozos un ave; póngase a cocer en dos litros de agua con sal, puerro, cebolleta, zanahoria y una ramita de perejil; se espuma bien, se hace hervir despacio, y se sirve.

CALDO IMPROVISADO.—Para cien gramos de extracto de carnes o gelatinas de aves, medio litro de agua hirviendo; se disuelve bien, y se sirve.

CALDO DE LEGUMBRES Y VERDURAS.—Para cada litro de agua, una jícara de lentejas, otra de habichuelas, otra de alubias encarnadas, zanahorias, puerros, cebolletas, perejil y coliflor.

Se sazona de sal, se compone con aceite frito, después de pasado el caldo por un tamiz. (Es propio para niños y convalecientes).

CALDO DE CEREALES.—Para dos litros de agua échese una jícara de cebada, otra de trigo, otra de avena, otra de maíz y otra de centeno; sazónese de sal y que hierva hasta reducirse a medio litro, y antes de servirse pásenlo por un colador.

SOPAS

SOPA DE YEMAS.—Después de batidas unas yemas, se meten al horno en un plato, y cuando estén duras se sacan y cortan a trocitos cuadraditos, y cuando está el caldo hirviendo se echan, poniendo también otros cuadraditos de jamón.

SOPA DE OBISPO.—Se deshace mantequilla en una cacerola y se echa harina, moviendo sin cesar y echando despacio el caldo; se baten yemas de huevo y se van mezclando; cuando está bien mezclado se le agrega un poco de jerez, y cuando ha hervido un ratito se echa a poquitos las claras, que se habrán batido a punto de nieve y frito en pequeñas porciones.

SOPA JULIANA.—Se fríen en manteca puerros y cebolla picada; se van agregando patatas, nabos y zanahorias cortadas a tiritas muy finas, una hojita de hierbabuena y perejil picado; cuando todo se ha rehogado se pone repollo muy blanco a trocitos regulares, y se rehoga también; se sazona de sal, después de poner el caldo necesario, y se deja hervir por lo menos tres horas.

SOPA DE HUEVO.—Se pone la sopa cortada bien fina a rehogar con manteca (si es vigilia, con aceite); se echa el caldo sazonado de sal y unas avellanas tostadas y bien molidas, y cuando está a punto se echa un huevo por persona, y si se quiere más finos se baten los huevos, mezclándolos bien antes de servirla.

SOPA FINA.—Con una taza de harina, leche y una yema de huevo se hace una masa espesa y fina; se baten dos claras a punto de nieve; se mezcla todo bien; se va friendo en aceite muy caliente, se le echa el caldo hirviendo, y se sirve.

SOPA DE CROQUETA.—Hecha y fría la pasta de croqueta se toman bolitas del tamaño de un garbanzo, y rebozadas en miga de pan y huevo se fríen, echándoles un buen caldo por encima al tiempo de servirse.

En lugar de la croqueta puede echarse al caldo menudillos de ave a pedacitos.

SOPA DE AJO.—Se corta sopa de pan muy fina, y en una tartera se pone al fuego para que se tueste un poco el pan; se echa el aceite necesario, que se habrá frito con ajo, y cuando está tostado se echa agua hirviendo sazonada de sal, metiendo la tartera al horno o poniendo fuego encima y debajo.

SOPA DE PASTA.—Para cada litro de caldo de cocido se pone unas dos onzas de cualquier pasta de sopa; se hace hervir un rato, se deja reposar, y se sirve.

MACARRONES.—Con caldo de cocido y en una fuente plana se ponen a cocer macarrones gruesos; cuando están blandos se espolvorean con queso rallado y se mete un ratito al horno.

SOPA DE ALMEJAS.—Después de bien lavadas, se cuecen con agua y sal; se quitan las conchas y se echan las almejas a una cazuela donde se habrá frito aceite con ajo, cebolleta, tomate y perejil; se pasa por un colador el agua donde se han cocido las almejas y se le echa arroz o rebanaditas de pan.

SOPA DE PESCADO MUY RICA.—Para cada libra de pescado, el agua necesaria a cuatro platos de sopa; el pescado, bien limpio, se pasa por harina y se fríe en aceite hirviendo; después, en ese mismo aceite, se fríe tomate, ajo, cebolla, pimiento y perejil bien picado; se pone a rehogar, añadiéndole el pan necesario y una salsa de almendras y avellanas tostadas.

OTRA MÁS FINA.—Escamado y limpio el pescado, se corta en tajadas; se pone a cocer en una cacerola con agua y sal. Se hace una mayonesa, poniendo una yema de huevo por cada plato de sopa, y cuando empieza a hervir el caldo donde se ha cocido el pescado (se habrá pasado por un colador), se va incorporando la mayonesa, sin dejar de moverlo y fuera del fuego; las rebanaditas de pan han de ser muy finas.

SOPA DE QUESO.—En una cacerola con manteca de vaca se corta la cebolla muy menuda y se pone al fuego hasta que la cebolla empieza a dorarse; entonces se echa el agua necesaria para la sopa y se sazona de sal; en otra tartera se pone una capa de rebanadas de pan, delgaditas, otra capa de queso Gruyere, otra de pan, y así sucesivamente cuantas se quieran. Se vierte por encima el caldo de la cacerola y se mete un rato al horno.

SOPA DE MARISCOS.—En una cacerola se fríen en aceite, ajo, cebolla y tomate; se echan los mariscos bien lavados y el agua necesaria para que cuezan; cuando abren se quitan las conchas y se echan rebanaditas de pan.

SOPA REAL.—Se cuecen enteras patatas buenas; después se pelan y pasan por el prensa-puré; se prepara una bechamelle con jamón menudito, y cuando está espesa se añaden las patatas, moviendo la pasta sin cesar con una cuchara de madera; cuando está hecha la pasta se retira del fuego y se echan tres yemas por cada medio kilo de patatas, moviendo hasta que se incorporen bien. Se tiene hirviendo el caldo y se echa esa pasta a bolitas, hirviendo la sopa.

SOPA DE ALMENDRA.—Después de escaldadas y peladas, cien gramos de almendras por litro de agua, se fríen en aceite bien caliente y se sacan; después se echa ajo y rebanadas de pan, y cuando están tostadas se machacan las tres cosas en el mortero.

Se pone agua sazonada de sal; se echa la sopa cuando está hirviendo, se mezcla lo del mortero, y se sirve.

SOPA DE ARROZ.—Se pone a cocer arroz con agua sazonada de sal; en una sartén se fríe con manteca, tomate, pimiento, cebollita y unas tiritas de patata; se mezclan menudillos de pollo o gallina bien picados, jamón y chorizo, y se mezcla todo al arroz.

Cuando se ha cocido, se sirve, espolvoreándolo si se quiere con queso de Parma rallado.

SOPA LIONESA.—Para cien gramos de manteca de vaca, cien de sémola fina y un litro de leche.

Se pone la manteca en una cacerola, y cuando se derrite se echa la sémola; se le da un par de vueltas y se agrega la leche, azúcar, un palo de canela y la corteza de medio limón rallada; se cuece a fuego lento moviendo para que no se agarre; se incorporan tres yemas de huevo, que se tendrán desleídas en leche tibia, y se vierte en la sopera sobre tostadas de pan fritas en manteca.

SOPA DE PESCADO.—Se ponen a cocer merluza y cangrejos, con agua y vino blanco; se mezcla cebolla, pimienta, sal, nuez moscada, laurel y perejil. Cuando todo está cocido se ponen los cangrejos con cuadraditos de pan tostado y se pasa el caldo; se le puede agregar tomate frito si gusta, y se sirve la merluza con salsa mayonesa, resultando dos platos.

SOPA DE VIGILIA.—Para dos huevos, cuatro cucharadas de miga de pan rallado, ajo y perejil bien picados, sal, especia y el zumo de medio limón, haciendo de todo una pasta. Se pone aceite en la sartén, y cuando está caliente se va echando la pasta en forma de tortitas del tamaño de una o dos pesetas. Cuando se doran se sacan y se echan en una cacerola de agua caliente y sazonada de sal; se hace hervir unos minutos, y al servirla se puede ligar con dos o tres yemas bien batidas.

SOPA JULIANA PARA VIGILIA.—Se fríe en aceite cebolla y ajo muy picado; cuando se dora se echa el agua necesaria para los platos de sopa que se quiera obtener; se echan las hierbas julianas, y cuando están cocidas se le mezclan unas yemas de huevo bien batidas, y se sirve.

SOPA JULIANA.—Se cuecen hierbas julianas (si son frescas mejor) en caldo del cocido; se pone en una cacerola uno o más huevos duros partidos menuditos, colas de langostinos, cangrejos y unas rebanaditas de pan frito en manteca de cerdo; se vierte encima el caldo con las hierbas, y se sirve.

CONSOMÉ DE ALMEJAS.—Para cada plato de sopa se cuecen una docena de almejas; se sacan y en el caldo se echa tomate, cebolla, puerros, perejil, laurel, hierbabuena, tomillo, sal y manteca de vaca o cerdo bien fresca. Se deja cocer un rato, se echan las almejas sacadas de las conchas y que cuezan otro poco; se prepara en una cacerola colas de cangrejos y tostaditas de pan frito con manteca. Se espesa el consomé con dos o tres yemas de huevo duro machacadas en el mortero y desleídas con un poco aceite fino; se vierte en la sopera, y se sirve.

CONSOMÉ DE CARNES.—Para un kilo de carne de vaca que sea gelatinosa, media pata de ternera y un trozo de cabeza de cerdo; se hace hervir dos horas y se echa cebolla, tomate, especia, sal, laurel y se hace hervir tres horas más; en una sartén con manteca de cerdo se fríe una pechuga de gallina y se repica después; se hace una bechamelle con sémola fina en vez de harina, y se le mezcla el picado de pechuga sazonado de sal y nuez moscada; se mueve sin cesar, y cuando la pasta está espesa se retira del fuego y se le mezclan dos yemas de huevo, dejando enfriar; después se hacen unos trocitos como macarrones de tres centímetros, se rebozan en huevo y pan rallado y se fríen; se colocan en una sopera, se vierte sobre ellos el consomé bien desengrasado y pasado, y se sirve. Con las carnes se hacen croquetas.

CONSOMÉ DE AVE.—En una olla con tres litros de agua se pone en trozos una gallina, un kilo de pecho de ternera, sal, apio, puerros, azafrán, nabos y zanahorias.

En una taza de caldo se deslíen seis yemas de huevo bien batidas y se ponen al baño maría en un molde untado de manteca; cuando se enfría se corta a cuadraditos y se pone en una sopera con menudillos de gallina y pedacitos de pan, todo frito. Se desengrasa el consomé pasándolo por un tamiz muy fino al echarlo a la sopera, bien caliente, y se sirve.

CONSOMÉ JUVENAL.—Consomé claro. Guarnición: Hojas de lechuga cocidas que se rellenan de tarsa de ternera, enrolladas en forma de cigarrillos, escalfadas, momentos antes de servir, mas costrones de brioche de tres centímetros de diámetro fritos y guarnecidos de puré crecy (zanahorias) reducido, napadas por encima y gratinados.

CONSOMÉ A LA MONTMART.—Consomé de ave, claro. Guarnición: Medias lunas muy pequeñas de zanahoria y nabos glaceadas, rodajas finas de morcilla de ave trufada, y lengua a la escarlata, real a la crema de guisantes, puntas de espárragos y perifollos, picado.

CONSOMÉ MESALINA.—Consomé de ave con esencia de tomate. Guarnición:

Riñones de gallo, arroz cocido y juliana fina de pimientos frescos de España.

CONSOMÉ A LA MARTINIERE.—Consomé de ave, claro. Guarnición: Repollo relleno de tarsa de carne con finas hierbas, bien sazonado, forma de morcilla, breseadas; luego se cortan en rodajas finas; guisantes frescos mondados y pequeños. Diablotins (de pan) en forma cuadrada.

SOPA A LA PURÍSIMA.—Póngase una cacerola al fuego con un poco de aceite fino en el que se rehogan una cebolla y unos cuadraditos de patatas, procurando que no tomen color, un par de zanahorias, aroma de apio y una cucharada de arroz. Mójese con agua, sazónese con sal y déjese a un lado de la lumbre a que cueza bien; una vez cocido, se pasa todo por un tamiz, procurando que esta sopa no quede muy espesa. Se vuelve a pasar la sopa por un colador de pico; con ayuda de un batidor se pasa a una cacerola limpia; sazónese bien, y en el momento de servirse agréguese un poco de perifollo fresco picado muy fino.

SOPA DE OSTRAS.—En un mortero de mármol macháquense dos o tres docenas de ostras. Échese luego caldo de pescado, hirviendo. Déjese cocer por espacio de tres cuartos de hora. Fríanse aparte, con manteca, cortezones de pan en cantidad suficiente. Al retirarlos de la sartén colóquense en la sopera. Viértase en ella el caldo de ostras, y sírvase bien caliente.

SOPA DE PURÉ DE JUDÍAS ENCARNADAS.—Se cuecen las judías en caldo, añadiendo ruedecitas de zanahorias y cebollas con un poco de manteca; después de cocidas se machacan en un mortero, y el zumo se pasa por tamiz, añadiéndole más caldo si estuviese muy espeso; después se echa este zumo sobre algunos pedacitos de pan frito, y cuando estén bien calados se sirven. En días de vigilia se pone caldo de pescado y aceite en vez de manteca.

PURÉS

PURÉ DE GARBANZOS.—Para medio kilo de garbanzos (ya remojados), un litro de agua con la sal necesaria, cebolla, puerro y hierbas; se deja cocer hasta que estén blandos los garbanzos, y se pasa por el prensa-puré; se liga con seis huevos y cien gramos de manteca de vaca, y se sirve.

PURÉ DE GUISANTES FRESCOS.—Se ponen a cocer (desgranados) en agua hirviendo, con sal, cebolla, puerro, perejil y manteca; cuando están cocidos se pasan por el prensa-puré y se liga con yema de huevo; se vierte en la sopera bien caliente, sobre pedacitos de jamón y pan, fritos.

PURÉ DE LENTEJAS.—Se ponen a cocer con agua fría; cuando principian a ablandarse, se pone sal y siguen cociendo. En la sartén se fríe un ajo, cebolla y tomate, y se echa todo a las lentejas; se deja hervir un poco, se pasa como los otros, y se sirve.

PURÉ DE JUDÍAS SECAS.—Para este puré se emplea el mismo procedimiento que para el anterior.

PURÉ DE PATATAS.—Para cuatro platos, medio kilo de patatas cocidas con agua y sal; después se pasa el puré, se mezcla con tres yemas de huevo y un poco de manteca de vaca y se vierte en la sopera sobre unos picatostes.

PURÉ DE ESPINACAS.—Se cuecen en agua hirviendo y sal; después de limpias y picadas se pasan al agua fría, exprimiéndolas, y cuando están secas se pasan por un tamiz, cociéndolas con leche y mantequilla, hasta que el puré quede en su punto.

PURÉ DE HABAS.—Se ponen con agua y sal a cocer habas peladas, y cuando están cocidas se hace el puré y se compone con aceite y cebolla frita o con manteca de vaca, como más guste.

PURÉ DE PATATAS AL "GRATÍN".—Se cuecen con agua y sal; se pasan por el prensa-puré; se deshacen con un poco de leche, añadiéndoles manteca de vaca y dos o tres yemas batidas; se pone el puré en una fuente que resista al fuego y se echa encima queso Gruyere y pan rallado; se pone en el horno hasta que tome buen color.

HUEVOS

HUEVOS PASADOS POR AGUA.—Póngase a hervir agua, échense los huevos, cuézanse cinco minutos, y sírvanse.

HUEVOS FRITOS.—Se pone en la sartén aceite o manteca bastante, y cuando hace humo se echa con cuidado el huevo, que se tendrá sacado a una jícara; con la espumadera se echa el aceite por encima, y antes que se ponga duro se saca.

HUEVOS ESTRELLADOS.—Se pone en una cacerola agua con sal y vinagre; cuando está hirviendo se echan los huevos con cuidado y cuando se cuajan se sacan con una espumadera; se colocan en un plato, echando sobre cada uno un poco de pimienta y zumo de limón.

HUEVOS EN CAMISA.—Hágase hervir el agua con sal, como en la fórmula anterior, y cuando está en ebullición se rompen y echan con cuidado, de modo que la yema quede bien envuelta en la clara; antes de que las yemas se pongan duras se sacan con la espumadera, echando por encima una salsa blanca.

HUEVOS ESCALFADOS A LA CRISTAL PALACIO.—En una cacerola con manteca, cien gramos de charlotas y ciento veinticinco de champiñons picado muy menudo; se añade tomate picado y perejil; se sazona de sal y pimienta blanca; se mezcla bien y se conserva caliente. A los huevos escalfados se les recorta la clara y se colocan en una fuente, poniendo cada uno sobre un costrón de pan recién frito. Se cubren con la mezcla, y se sirven.

HUEVOS AL CAPRICHO.—Se prepara un arroz blanco bien sazonado, y en un molde untado de manteca se le da forma. Se cuecen en agua y sal coles de Bruselas, y bien exprimidas se fríen con manteca de vaca, ajo y perejil; se vuelca el molde, que será de los que dejan agujero en medio, y ese agujero se rellena con las coles, poniendo huevos fritos por encima, y alrededor de la fuente un adorno de huevos duros y patatas fritas.

HUEVOS A LA SOR SIMONA.—Para cuatro comensales tómense dos moldes de flan, uno mayor que otro; el mayor se unta de mantequilla interiormente, y el pequeño al exterior; métase el pequeño dentro del otro, y se llena el hueco que dejan entre los dos de huevo batido, y rápidamente se llena el molde pequeño de agua hirviendo metiéndolo al baño maría, y al horno. Cuando están cuajados se retiran y dejan enfriar; se quita el molde pequeño, y el hueco se rellena con un revuelto de huevos, trufas picadas y queso de Parma rallado; se saca del molde, adornando la fuente con picatostes largos y el adorno que más guste.

HUEVOS TÓRTOLA VALENCIA.—Se ponen a cocer con agua y sal fondos de alcachofas, hígados de gallina, limón y hojas de espinacas; cuando todo está cocido se salteará con mantequilla; en una cocotera se echan dos huevos, encima el revuelto, queso rallado y se pone a gratinar. Al momento de servirlo, se cogerá una raja de naranja de las mayores, se introduce en ella el mango de la cocotera y se sirve en fuente de metal con servilleta debajo.

HUEVOS A LA TURCA.—En una sartén con manteca se fríen ajos, cebollas, tomates y pimientos; cuando todo está frito se echan los huevos, friéndolos en la manteca que sobresale; bien sazonados de sal, se sirven.

HUEVOS A LA POLINAC.—Se engrasan unos moldes pequeños; se espolvorean con perejil y en cada uno se casca un huevo bien fresco, colocando todos en una cacerola que tenga agua hirviendo; se deja hervir unos minutos, y se sirven volcándolos a una fuente.

HUEVOS CON QUESO.—Se hace una costrada compuesta de queso y pan rallado, la mitad de cada cosa; se cascan los huevos sobre ella; se espolvorean de sal, pimienta, nuez moscada y queso rallado y se les da color con una pala candente.

HUEVOS DE PRIMAVERA.—Con agua y sal se cuecen separadamente repollos, alcachofas, habitas tiernas, espárragos y guisantes; se rehogan en manteca después de cocidos con tiras de jamón y de pimiento encarnado, haciéndole una salsa de tomate. En una besuguera se coloca todo, se estrellan huevos encima, se espolvorea de queso y mantequilla y se meten al horno, resultando muy buen plato.

HUEVOS RELLENOS.—Se cuecen los huevos duros, se les quita la cáscara y se parten por la mitad a lo largo; se rellena la clara con algo de pescado y la yema machacada, cerrando el huevo como si estuviese entero; se reboza en huevo y pan rallado y se fríen.

OTRA FÓRMULA.—Se cuecen, pelan y parten como los anteriores; se machacan las yemas con sal, perejil y miga de pan remojada en leche; se rellenan las claras, se rebozan en huevo y pan rallado y se fríen. Si es tiempo de verduras puede mezclarse a la pasta espinacas cocidas, escurridas y fritas.

HUEVOS CON GUISANTES.—Cocidos con agua y sal los guisantes, se rehogan en aceite y cebolla frita; se ponen en el centro de una fuente, dándoles una forma bonita y alrededor se pone un huevo estrellado para cada comensal.

HUEVOS CON ESPÁRRAGOS.—Se cuecen enteros los espárragos con agua y sal; aparte se cuecen huevos duros y se pelan; en una fuente estrecha y larga, se colocan los espárragos con un poco de su caldo, aceite y vinagre, y alrededor de la fuente los huevos, partidos en ruedecitas.

HUEVOS CON TOMATE.—Se pone en una sartén aceite, ajo y perejil; se quita el ajo y se echa tomate rallado y la sal necesaria; cuando está hecho se baten los huevos; se echan a la sartén moviendo sin cesar hasta que se cuajen, para que queden bien revueltos. Se sirven adornando la fuente con aceitunas y pimientos de lata.

HUEVOS CON MANTEQUILLA.—Se pone a deshacer manteca de vaca; se le incorpora leche y la sal necesaria, y cuando está hirviendo se escalfan en ella los huevos, y se sirven.

HUEVOS CON SALCHICHAS.—En un plato que resista el horno se ponen unas salchichas fritas; se abren encima unos huevos y se meten al horno hasta que se cuajen.

HUEVOS CON JAMÓN.—Fríanse unas magras de jamón, y en la manteca que dejan se fríen los huevos y se ponen en la fuente, intercalados con el jamón, adornando la fuente con picatostes.

HUEVOS EN CUBILETE.—Se baten seis huevos, dos con claras y cuatro sin ellas; se echa media cucharada de vino blanco y una copa de leche; se vuelve a batir agregando pedacitos de jamón; se mezcla todo bien; se pone en moldes y se cuece al baño maría.

HUEVOS AL PLATO.—En un plato que resista el fuego se pone manteca; se cascan encima los huevos; se sazonan de sal; se meten al horno hasta que se cuajan, y se sirven en el mismo plato.

HUEVOS A LA AMERICANA.—Se cortan por la mitad huevos duros; se rellenan las claras con pasta de croquetas; se rebozan y fríen; se colocan en una fuente, poniendo como adorno las yemas picadas.

HUEVOS A LA MARINERA.—Se cortan en ruedas los huevos duros y se ponen sobre un plato; se hace una salsa de tomate y se mezcla con perejil, vino blanco y champiñons picados y cocidos; esta salsa se vierte sobre las rodajas de huevo, y se sirve.

HUEVOS CON QUESO.—Se ralla queso de Parma y se fríe con jamón picado y huevos batidos; se pone en una sartén con manteca de vaca, y cuando está caliente se echa el batido, moviendo sin cesar hasta que quede como huevo revuelto.

HUEVOS PARA ENTREMÉS.—Se cuecen duros y pelan; se coloca en un plato una ruedecita de chorizo con un agujero en medio o un trocito de jamón, también con agujero; se parte el huevo por la mitad, y derechos, de modo que se vea la yema, se coloca cada uno dentro de la ruedecita.

HUEVO MONSTRUO.—Se parte media docena de huevos, separando las yemas de las claras; en una vejiga limpia se meten las yemas bien batidas; se tapa y se mete en agua hirviendo hasta que queden duras las yemas; se saca y deja enfriar. Con cuidado se rompe la vejiga, y en otra parte se echan las claras batidas, colocando en medio las yemas ya cuajadas. Se vuelve a cocer; cuando han cuajado las claras se rompe la vejiga, quedando el huevo hecho. Se corta a ruedas, y se sirve con salsa de aves.

TORTILLAS

TORTILLA ESPAÑOLA.—Se baten los huevos que se quieran, y en una sartén con aceite o manteca caliente se hace la tortilla.

TORTILLA FRANCESA.—Bátanse muy poco los huevos; sazónense de sal y perejil picado, echando una cucharadita de leche por cada huevo. Póngase en una sartén muy poca manteca, y cuando está caliente se echa el batido, moviéndolo mucho; cuando se hace de un lado, se hace de otro, se dobla, y se sirve.

TORTILLA DE PATATAS.—Se fríen patatas muy picadas; se baten aparte los huevos necesarios, se echan sobre las patatas y se hace la tortilla.

TORTILLA DE ESPÁRRAGOS.—Cuézanse con agua y sal cabecitas de espárragos; bien escurridos se mezclan a los huevos batidos y se hace la tortilla.

TORTILLA DE ALCACHOFAS.—Se cuecen con agua y sal cabecitas muy pequeñas de alcachofas; se escurren; se mezclan con los huevos batidos y se hace la tortilla.

TORTILLA CON GUISANTES.—Con agua y sal se cuecen los guisantes; se escurren; se refríen en manteca caliente; se echan por encima los huevos batidos y se hace la tortilla.

TORTILLA DE QUESO.—Se fríe jamón picado; se ralla queso de Parma; se mezcla con huevos batidos, y en manteca de vaca bien caliente se hace la tortilla.

TORTILLA DE LECHE.—Bátanse unos huevos, póngase un poco de harina por cada uno y media jícara de leche; mézclese bien y hágase la tortilla.

TORTILLA CON BACALAO.—Bien deshecho y desalado el bacalao, se mezcla con los huevos batidos y se hace la tortilla.

TORTILLA CON PICADILLO.—Se fríe picadillo de ternera y jamón; se mezcla con huevos batidos y se hace la tortilla.

TORTILLA DE SESOS.—Límpiese el seso de la telilla que lo cubre; cuézase poniendo en el agua sal, vinagre, perejil y cebolla; se saca; después de cocido se corta en trocitos, se ponen con unos huevos batidos y se hace la tortilla.

TORTILLA CON ANCHOAS.—Después de cocidas las anchoas se echan a los huevos batidos y se hace la tortilla.

TORTILLA CON MERLUZA.—La merluza, cocida o frita; se hace la tortilla como en las anteriores. Lo mismo puede echarse en los huevos batidos carne de colas de cangrejos o langostinos, y si se quiere que la tortilla sea de jamón se echan trocitos de jamón frito antes.

TORTILLA CON CHORIZO.—Se fríen unas ruedecitas de chorizo o longaniza, y se saca a un plato; aparte se baten los huevos, se mezclan al batido el chorizo frito y se hace la tortilla.

TORTILLA A LA BECHAMELLE.—Se hace una bechamelle espesa; se tiene preparado un picadillo de pechugas de ave y jamón; se toma un poco de este picadillo, envolviéndolo en bechamelle bien caliente, formando una croqueta delgadita.

Se baten los huevos necesarios; se echan a la sartén como para una tortilla, que sirve para envolver la croqueta, que se envolverá rápidamente, y cuando se dora van colocándose en una fuente con una servilleta, espolvoreándolas de azúcar y canela. Son exquisitas.

TORTILLA AL RON.—Se baten las claras separadas de las yemas; se unen y echa un poco de azúcar; se ralla cáscara de limón y se hace la tortilla; se espolvorea azúcar en una fuente; se echa encima la tortilla; se dora con la pala candente; se riega con ron, se le da fuego, y se sirve.

TORTILLA DE HIERBAS FINAS.—Pártanse en una cacerola seis u ocho huevos, sazónense con sal, añadiendo hierbas finas bien picadas y un poco de agua o leche, batiéndolo todo junto; así preparados los huevos, se vierten en una sartén que contenga un poco de manteca bien caliente. En el momento que cuajen se coge la sartén por el mango, se da un impulso horizontal de frente, extendiendo el brazo, y al recogerlo otro impulso hacia arriba, de manera que quede doblada; se sirve dorada y humeante sobre una fuente.

PESCADOS

BESUGO ASADO.—Escamado y limpio se le echa por encima sal, aceite y vino de Rioja, se forma una pasta con pan molido, ajo y perejil picado y un poco aceite, se cubre el besugo con esa pasta y en la besuguera se mete al horno.

OTRA FÓRMULA.—Se escama y limpia, se le hacen unos cortes sesgados y se mete en cada uno una raja de limón, se dora en la sartén perejil y cebolla picados, se echa pan molido y caldo, se vierte sobre el besugo y se mete al horno.

OTRA FÓRMULA.—Escamado y limpio se sazona de sal y pone a escurrir; se le hacen los cortes y meten las rajas de limón, se unta bien de aceite fino y se pone a asar dando vueltas a menudo. Si se quiere comer frío se adorna la fuente con huevos duros, aceitunas o ensalada de escarola.

BESUGO FRITO.—Límpiese bien, córtese a rajas, se sazona de sal y se fríe en aceite bien caliente; al servirlo se le echa zumo de limón.

BESUGO EN SALSA.—En una besuguera se pone aceite, vino blanco, un poco de manteca, ajo, perejil, cebolla, pimentón y agua o caldo; encima se coloca el besugo sazonado de sal, y se pone también el hígado del mismo; cuando está hecho a fuego lento, se machaca en el mortero el hígado y una rebanada de pan frito, se pasa la salsa y se pone un rato al horno.

OTRA FÓRMULA.—Limpio y sazonado de sal se envuelve en un paño y se pone a cocer con agua, perejil, cebolla y vinagre. Después de cocido se saca a una besuguera; en una sartén con aceite se fríe un ajo, se quita y se echa harina, pimentón, agua y vinagre y se echa todo al besugo, y después de hervir un rato, se sirve.

OTRA FÓRMULA.—Se limpia y corta en trozos, se untan de harina, se fríen y se van colocando en una cazuela de barro; en la misma sartén se dora harina, se echa agua y se vierte todo sobre el besugo; en el mortero se machaca un diente de ajo, perejil y almendras tostadas, se deslíe con agua, se vierte sobre el besugo, se hace hervir y se saca.

BESUGO AL MINUTO.—Después de limpio se coloca en la besuguera y se le echa agua hirviendo; después de cocido se le quita casi toda el agua y se echa aceite frito con ajo y zumo de limón; se sirve con salsa verde.

DORADA.—La dorada puede hacerse con todas las fórmulas escritas para besugo.

MERLUZA COCIDA.—Cocida con agua y sal se sirve con salsa verde.

MERLUZA A LA VINAGRETA.—Cuézase un trozo de merluza con agua, sal, zanahoria, perejil, puerro, cebolla y vinagre, procurando quede bien cubierta; a la media hora de estar hirviendo se coloca en la fuente que se ha de servir, cubriéndola con una salsa a la vinagreta, adornando la fuente con patatas moldeadas o cocidas al vapor.

MERLUZA REBOZADA.—Preparada en rajas la merluza y sazonadas éstas de sal, se untan en harina y huevo batido, se fríen en aceite bien caliente, y al servirlas se les echa zumo de limón.

MERLUZA A LA MARINERA.—Limpio y sazonado un trozo de merluza, se cuece con todas las hierbas como a la vinagreta; por separado se fríe cebolla y harina y se añade pimienta, perejil y agua de la que ha servido para cocer la merluza. Cuando se ha de servir, se vierte la salsa por encima.

MERLUZA CON MAYONESA.—Limpia y escurrida, después de echar la sal, una cola de merluza, se cuece a fuego lento; se saca del agua y se escurre bien, poniéndola en la fuente en que se ha de servir; cuando se enfría se cubre con salsa mayonesa y se guarnece la fuente con huevos duros, aceitunas y pimientos de lata.

MERLUZA EN SALSA ESPAÑOLA.—Se pone en una tartera la misma cantidad de mantequilla que de aceite, cebolla, pan rallado, pedacitos de jamón, jerez, zumo de limón y caldo. Se coloca la merluza, se echa la salsa por encima y se pone a dorar.

MERLUZA ASADA.—Limpia y sazonada de sal se cubre con pan rallado, perejil y ajo; se coloca en una fuente que resista el horno, y bien rociada de aceite y zumo de limón se pone a asar.

COLA DE MERLUZA ASADA.—Se pone en una tartera larga, se echa por encima perejil y queso rallado, zumo de limón y jerez, metiéndola al horno hasta que esté hecha.

PASTEL DE MERLUZA.—Se toma medio kilo de merluza fresca, se quitan las espinas y la piel y se pica. Se fríe un cuarto de lata de tomate, se pasa por un pasador y se rehoga en él la merluza. Se baten tres huevos enteros, se mezcla bien con la merluza, y en un molde se mete al horno hasta que se dore, sirviéndose con salsa mayonesa.

TARTA DE MERLUZA A LA FLORENTINA.—Se hace una pasta de hojaldre fina con manteca de vaca y harina; en una sartén se fríe cebolla, ajo, perejil y espinacas (cocidas antes), sal, pimienta blanca, vino blanco y un poco de harina; se saltea y se incorporan dos o tres huevos duros picados y algo de caldo, que resulte espeso y sazonado de sal. Se preparan aparte filetes de merluza sin espinas ni piel. Para formar la tarta se estira el hojaldre y se corta una circunferencia, se unta el borde de huevo batido, colocando encima todo alrededor una cinta de hojaldre y una capa de la pasta de verduras, encima los filetes, encima otra capa de verduras, cubriéndola con pedacitos de huevo duro y queso rallado. Se adorna por encima del relleno con cinta de pasta de hojaldre; por el borde se colocan triángulos de hojaldre, se untan de huevo y se cuece al horno.

BACALAO A LA ESPAÑOLA.—Se toma medio kilo de bacalao, y limpio de piel y espinas, se hierve diez minutos. Se tiene preparada una salsa de ajo, perejil, una miga de pan mojada en vinagre, y un poco de aceite, todo eso se va echando sobre dos yemas de huevo batidas, y esa salsa se vierte sobre el bacalao, y al servirle se guarnece la fuente.

BACALAO AL HORNO.—Cortado a trozos después de remojado y limpio, se cuece unos momentos y se pone a escurrir. Aparte y en aceite muy caliente, se fríe cebolla y medio kilo de tomate. En una besuguera se pone una capa de tiras de pimientos asados, otra de tomate, otra de bacalao, y así sucesivamente, procurando que la última sea tomate. Se mete al horno, y se sirve en la misma besuguera.

BACALAO EN SALSA BLANCA.—Póngase a rajas después de desalado y sin espinas, fríanse; y cuando está dorado se pone en una besuguera y se echa encima una salsa blanca, y se mete al horno. En lugar de la salsa blanca puede ponerse en la besuguera, alternando con el bacalao, cebolla, perejil y salsa de tomate, aceite y vino blanco, metiéndolo también al horno.

BACALAO A LA VIZCAÍNA.—Cortado el bacalao en trozos regulares, se pone a remojar un día antes de hacerlo, cuidando de cambiar el agua; cuando está desalado se cuece unos minutos y se escurre bien. Cuando está frío se le quitan las espinas y la piel y se fríe. Se fríe cebolla, tomate y pimientos secos, y se mezcla con el bacalao. Se hace una salsa con agua y pan tostado y molido, se echa sobre el bacalao, y después de hervir un poco, se sirve.

BACALAO EN AJOARRIERO.—Se deshace menudito, y después de desalado se pone aceite con bastantes dientes de ajo chafados; cuando están dorados se tiran y se echa en la sartén tomate; cuando está frito se agregan unas tiras de pimientos encarnados; se mezcla el bacalao bien exprimido, se mezcla un huevo batido, se revuelve bien, y se sirve.

CROQUETAS DE BACALAO.—Deshecho y desalado se fríe, se mezcla una bechamelle muy cocida y se espesa, dejándolo a enfriar en una fuente plana, y haciendo las croquetas lo mismo que todas; envolviendo en pan molido, en huevo y en pan otra vez.

BACALAO DISFRAZADO.—Después de hecha la pasta como para las croquetas, se prepara aparte con harina y huevos, como la envoltura para los sesos, huecos, y en lugar de meter unos trocitos de sesos en la cucharada, se mete un trocito como de croqueta y se fríe. Estos fritos son riquísimos.

BACALAO REBOZADO.—Puesto a remojar veinticuatro horas en trozos regulares, se cambia el agua dos o tres veces, y después se secan bien los trozos y se rebozan con harina y huevo. Se sirve en seguida.

SALMÓN ASADO.—Limpio y cortado en ruedecitas el salmón, se sazona de sal, y bien untado de manteca de vaca o aceite, se pone en la parrilla y se asa.

SALMÓN CON ACEITUNAS.—El salmón, como quiera que se condimente, nunca debe lavarse, sino frotarlo bien con un paño; después de limpio se coloca en una cacerola el trozo de salmón con aceitunas deshuesadas, perejil y cebolla, todo muy picado; se añade algún grano de pimienta, aceite, vinagre y un poco de manteca o mantequilla; se mete al horno como un cuarto de hora, y cuando se ve que está a punto se saca el salmón y se pone en la fuente con huevo duro picadito, por encima. Se sirven estos dos guisos con una salsa tártara o amarilla.

SALMÓN FRITO.—Se prepara a ruedecitas, se sazona de sal y se fríe en aceite muy caliente.

SALMÓN AL HORNO.—Se prepara lo mismo que el asado, pero en vez de ponerlo en parrilla se mete al horno en una cacerola; aparte se sirve una salsa mayonesa.

SALMÓN A LA CHAMBORD.—Cuando esté cocido el salmón, a medio caldo, se escurre bien y se echa en una fuente de porcelana que resista a la lumbre, cubriéndole con lonchas de ternera y tocino muy delgadas, ruedas de trufas y setas.

Se colocan alrededor, para adornar la fuente, albóndigas de pechuga de ave y cangrejos, se mete la fuente en el horno durante cinco minutos, y luego se aparta hasta el momento de servir.

SALMÓN A LA GENOVESA.—Cuézase una rueda de salmón en vino tinto y caldo, igual cantidad de uno que de otro; añádanse setas, perejil picado, especias, sal y nuez moscada en polvo, y cuando esté cocido se retira, añadiendo al que está en la cacerola un trozo de manteca mezclado con harina; se reduce todo después de haber pasado por tamiz; cuando está en su punto se echa el salmón encima, y se sirve.

SALMÓN CON ALCAPARRAS.—Se parte en rajas un trozo de salmón; luego se marinan con aceite, perejil, cebolletas bien picadas, sal y pimienta; cada raja se envuelve después en papel y se tuesta a la parrilla. Luego se le quita el papel y se pone en la fuente, en la que debe echarse una salsa blanca de alcaparras.

SALMONETES AL PLATO.—Se escaman y sazonan los salmonetes; se adorna el fondo de una fuente al "gratín" con cebolla picada; se ponen encima los salmonetes, se rocían con aceite, se espolvorean con pan rallado y perejil picado, se ponen quince minutos al horno a fuego lento, se les echa unas gotas de limón, y se sirven.

SALMONETES AL HORNO.—Limpios y sazonados se ponen en una cacerola con cebolla muy picada y aceite, zumo de limón y vino blanco y un poquito de agua; se pone una capita de pan molido y unos pedacitos de mantequilla, se meten al horno, y cuando estén en su punto, se sirven.

SALMONETES CON TOMATE.—Se preparan y limpian como todos; se fríen aparte, se hace una salsa de tomate, se vierte sobre el salmonete, se hierve un poco todo junto, y se sirve.

OTRA FÓRMULA.—Limpios y sazonados se colocan en una besuguera; se cubren con salsa de tomate, pan molido y perejil, se riegan con aceite fino y mantequilla, se ponen al horno hasta que se hallen en su punto.

LANGOSTINOS.—Se cuecen los langostinos, y cuando están fríos se colocan en una fuente y se adorna ésta con huevos duros y aceitunas, y se sirven con salsa mayonesa, vinagreta o la que se quiera.

LANGOSTINOS A LA MARINERA (CÁDIZ).—Se lavan perfectamente, se les quitan todas las conchas y patas, quedando sólo la carne en limpio. Se colocan en un plato. En una cazuela se fríe aceite, ajos picados, laurel, cebolla y perejil; cuando esté a medio enfriar échese una cucharada de pimiento molido, frito éste, los langostinos y una copa de vino blanco; se tapa bien y se pone a fuego lento, sazonándolo y agregándole un poco de agua caliente, procurando que la salsa no lo cubra. Veinte minutos serán suficientes para que se cuezan.

LANGOSTINOS A LA AMERICANA.—Cortar en trozos la carne de una langosta fresca y hacerlos saltar en la sartén a buena lumbre, en aceite con cebollas y charlotas picadas. Agregar a los pocos minutos medio vasito de coñac y otro medio vasito al breve rato con una cucharada de puré de tomate, tres o cuatro de salsa española (de vigilia), una pizca de pimienta de Cayena y un ramito compuesto. Hacer que se reduzca la salsa a lumbre viva. Servir inmediatamente.

LANGOSTA.—Lo mismo entera que cortada a pedacitos o ruedas, se mete en agua hirviendo unos minutos, cuidando de quitar bien la veta y que no pierda el jugo. Aparte se rehoga en aceite o manteca de vaca zanahoria y cebolla, se une a la langosta, poniendo todo en una cacerola con una copa de jerez, se tapa bien y se hace cocer; a la mitad de la cocción se agrega el caldo necesario para terminar de cocer.

Cuando la langosta está cocida se pone en la fuente, sirviéndose con mayonesa, salsa verde o como más guste.

LANGOSTA COCIDA.—En una olla se pone agua y sal; cuando empieza a hervir se pone la langosta bien atada, dejándola hervir media hora; se saca y deja enfriar, quitándole la concha y veta, preparándola a ronchas en una fuente y cubriendo ésta con mayonesa o poniéndola en una salsera.

LANGOSTA EN SALSA.—Sin quitarle la concha se corta a pedazos una langosta, se le quita la veta, cuidando no pierda el jugo, se hace una mezcla con cebolla, ajo y perejil, todo muy picado, se añade queso Gruyere o de Parma. Se coloca en una cacerola una capa de la mezcla, otra de langosta, añadiendo pimentón, nuez moscada, pimienta inglesa, vino blanco y aceite, se pone a fuego lento, y cuando esté a punto, se sirve.

ALMEJAS SENCILLAS.—Las almejas se lavan siempre con bastante agua, hasta conseguir que suelten bien toda la arena; una vez limpias se fríen con pimentón molido y cebolla picada, y cuando han abierto, se sirven.

ALMEJAS AL MINUTO.—Al tiempo de ir a servir las almejas, se ponen en una cacerola, después de bien limpias, con aceite o manteca de vaca muy caliente, zanahorias y cebolla; cuando han abierto se riegan con zumo de limón, y se sirven en seguida.

ESCABECHE.—Para escabechar cualquier pescado se fríe entero o a rajas, según sea, y se coloca en una olla de barro; en el aceite que se ha frito se fríen cabezas de ajo y perejil, se machacan en el mortero, se agrega pimiento molido y vinagre, se mezcla bien todo, se pone al barril y se cubre de buen vinagre de vino.

LAMPREA.—La lamprea tiene que lavarse muy bien con varias aguas y abrirla por debajo de la cabeza, haciéndole unas rajas para sacarle la tripa, cuidando de recoger la sangre y ponerla en la misma cacerola que la lamprea, con sal, vino blanco (un vasito), una jícara de aceite, cebolla bastante y el hígado de la lamprea; se pone un papel de estraza al taparla, cociendo unas dos horas; el hígado y la cebolla se aplastan y pasan por un colador para espesar la salsa.

TRUCHAS.—La trucha se cuece como los demás pescados cocidos, poniéndola después con salsa verde, vinagreta o mayonesa.

TRUCHAS AL HORNO.—En una cacerola se colocan las truchas, haciéndoles unas cortaduras al sesgo e introduciendo en cada una de éstas una rajita de limón; se agrega caldo o agua, aceite y pan rallado, perejil picado y mantequilla, y se meten al horno.

TRUCHAS EN SALSA.—Se ponen después de limpias las truchas con pimienta inglesa y sal; se colocan en una besuguera; en aceite bien caliente se echa cebolla, un manojito de hierbas; con mantequilla, se tienen un ratito al horno, y al servirlas se rocían con zumo de limón.

TRUCHAS CON JAMÓN.—En aceite fino se fríen un poco unas magras, se sacan, y en aquella grasa se fríen truchas después de limpias, se sacan, haciendo en aquel aceite una salsa de pasta de tomate; se sirve, poniendo las truchas a lo largo en una fuente, alrededor las magras, y todo ello rociándolo con la salsa de tomate.

CALAMARES o CHIPIRONES.—Hay que distinguir bien los calamares de las jibias, y poner los calamares cuando son pequeños en su tinta, y cuando son grandes, rellenos y en salsa.

EN SU TINTA.—Se les quita la cabeza y la bolsita que contiene la tinta, metiéndola en una jícara, aprovechando las barbas, antenas y películas para picarlas; se les quita la espina larga y se cortan en pedazos, friéndolos, así como el picado, y colocando todo en una cacerola; en el mismo aceite se fríe una cebolla picada, se tuesta harina, se deshace con caldo y se echa a los calamares, se deshace la tinta con un poquito de caldo, y se vierte sobre los calamares.

CALAMARES RELLENOS.—Se lavan bien y preparan como los anteriores; al picado de antenas y demás se agrega cebolla y jamón; con este picadillo se rellenan y da un punto, y se atraviesa la parte de arriba con un palillo de dientes o algo análogo; el objeto es que no se salga el relleno.

Después se fríen en aceite y se colocan en una cacerola, echándoles otro poquito de cebolla dorada y caldo suficiente para que cuezan. Puede ponerse una salsa de tomate, aunque para calamares lo mejor es su tinta.

LUBINA ASADA.—Limpia y sazonada se pone en una cacerola con pimienta inglesa y mantequilla, metiéndola al horno; a medio asar se saca, se pone bien por encima perejil picado y se riega con zumo de limón, poniéndola otra vez al horno hasta que termine de hacerse; al servirla estará bien con huevo duro y muy picado.

LUBINA COCIDA.—Limpia y sazonada se cuece, pudiendo servirla con salsa mayonesa, y mejor todavía con salsa a la vinagreta.

RODABALLO.—Si son pequeños estos pescados se sirven fritos y asados; siempre hay que lavarlos, limpiarlos y desbarbarlos con mucho cuidado; se les abre el dorso de la cabeza a la extremidad y se quita la espina sin estropear la carne; se colocan en un plato con sal, pimienta, perejil en rama, tomillo, laurel, aceite fino y jugo de limón; se da vuelta a menudo con este aderezo, y antes de ponerlos a cocer se dejan escurrir media hora.

Para servirlos fritos se rebozan en harina, huevo batido y miga de pan, friéndolos hasta que estén dorados. Cuando son asados se unta bien con aceite la parrilla, poniéndola sobre fuego bastante vivo; se les da vuelta con cuidado para que no se estropeen; la parrilla se unta segunda vez y cuando están a punto se colocan en una fuente con salsa de tomate.

RODABALLO EN CALDO CORTO.—Después de quitadas las agallas, se le hace una abertura en el vientre por el lado negro, y quítense las tripas de dicho lado; por medio de una incisión que se le hace en el lomo, se le saca un nudo de la espina dorsal y se le cortan las demás espinas transversales que se puedan; cósasele la boca con una aguja y frótese con zumo de limón.

En seguida se pone en una cacerola a propósito; se cuece en agua ligeramente salada; se espuma y añaden uno o dos litros de leche; se hace hervir en buen fuego, que se irá cubriendo poco a poco, cuidando que no hierva a borbotones, porque se haría pedazos cuando estuviese cocido.

Se escurre un cuarto de hora antes de servirlo; se le descose la boca; se pone sobre una tabla cubierta con una servilleta; se guarnecen las partes defectuosas con perejil en rama, y se sirve, sea con una salsa blanca de alcaparras o anchoas en la salsera o simplemente con aceite y vinagre.

PASTEL DE RODABALLO.—Se limpia el pescado; se deja cocer a medias; se sazona y echa hierbas finas; se pone en la pasta con manteca fresca, yemas de huevos duros y cebollas picadas; se cierra la pasta y se pone al horno.

LENGUADOS FRITOS.—Se limpian y envuelven en huevo y pan molido, si no, en harina solo, friéndolos en cualquiera de los dos casos en aceite muy caliente.

Para esto se emplean los lenguados pequeñitos.

LENGUADOS CON ALMEJAS.—Después de limpio un lenguado se le quita la piel, se reboza con pan molido y huevo y se fríe. Aparte se ponen almejas bien limpias a cocer, y cuando han abierto se rellenan las conchas con un picadillo de jamón, perejil y pan tostado y molido; este picadillo se fríe primero. Se coloca el lenguado en una besuguera con su jugo, se ponen las conchas alrededor, y se sirve en la misma. Puede ponerse un poco, al horno.

LENGUADOS A LA MARGUERY.—Se deshacen dos onzas de mantequilla buena. Añádase una cucharilla de postre de harina de arroz. Mézclese. En seguida échese una taza (de las de té) de leche no cocida. Muévase hasta que se forme una crema. Luego se ponen en esta salsa almejas, una docena de ostras y de langostinos. Cuando se hayan mondado o limpiado los langostinos se cuecen las cabezas y colas, y póngase un poco de esta agua así como de las ostras y almejas en la salsa. Mézclese todo ello, y cuando los filetes de lenguado estén cocidos, sírvase en una fuente, esparciendo la salsa por encima.

LENGUADO A LA ESPAÑOLA.—Limpios y sin espinas, se cortan en filetes, se ponen en una besuguera con caldo y manteca de vaca; cuando están a medio hacer, se les echa una salsa de tomate y champiñons cocidos y pelados, y si no, tomate solo.

LENGUADO AL PLATO.—Se unta con manteca un plato que resista al fuego, y se espolvorea con cebollas y setas picadas; se ponen encima dos lenguados limpios sin piel negra y abiertos por un lado, uno junto a otro; se echa medio vaso de vino blanco, dos cucharadas de caldo, setas picadas, pan rallado y un poco de manteca derretida.

Se coloca el plato en el horno a fuego moderado; diez y ocho o veinte minutos bastan. Servirlo en el mismo plato.

LENGUADOS AL "GRATÍN".—Una vez limpio el lenguado, se le despoja de la piel negra y se le echa sal fina, colocándolo en una cacerola alargada y plana; cúbrase con pan molido, perejil picado y queso de Gruyere rallado, con los cuales se habrá hecho una mezcla, y sobre ésta se pone mantequilla; riéguese con aceite fino y zumo de limón y téngasele en el horno diez minutos. Al tiempo de servirlo añádasele un poquito de caldo.

LENGUADO A LA RUSA.—Se limpian los lenguados, despojándolos de la piel negra, se salan y colocan en la misma vasija en que han de servirse a la mesa.

Se hace una salsa con harina, manteca y leche (una bechamelle fina); se vierte sobre el lenguado y se guarnece con langostinos y almejas, cociéndolo todo luego a horno suave.

LENGUADO A LA FRANCESA.—El lenguado, después de limpio, se adereza con sal fina y pimienta inglesa (ésta en reducida cantidad) y se coloca en una cacerola alargada y un poquito honda. Se fríen unas rajitas finas de cebolla y se agregan al pescado con un poquito de aceite; pónganse unas variantes picadas, perejil y alcaparras también picadas y un poquito de mantequilla; téngase al horno quince minutos, rociándolo con limón al tiempo de servirlo, y, si estuviese seco, añádase caldo.

SARDINAS REBOZADAS.—Después de limpias se dejan abiertas y se rebozan con harina y huevo o con pan molido, huevo y pan otra vez.

SARDINAS CON TOMATE.—Limpias y preparadas como las anteriores, se ponen por capas, una de sardinas, otra de tomate, hecho con perejil y cebolla, cociendo a fuego muy lento.

SARDINAS RELLENAS.—Después de limpias se rellenan con pan molido, cebolla picada y huevo batido; se ponen en una cacerola con tomate y se hacen como las anteriores.

SARDINAS FRITAS.—Lávense bien las sardinas, quíteseles la cabeza y sazónense de sal fina; séquense con un paño y fríanse.

SARDINAS ASADAS.—Se les quita la cabeza y la espina, se envuelven en hoja de parra y se asan.

PESCADILLAS A LA PARRILLA.—Se les hace unas ligeras incisiones y se escabechan con aceite, perejil, cebollino, charlotas picadas, sal y pimienta.

Se ponen en la parrilla a un fuego fuerte, rociándolas con el resto del escabeche. Cuando están en punto se sirven con salsa blanca de alcaparras.

PESCADILLAS AL "GRATÍN".—Vacíense, ráspense, lávense y enjúguense. Hágaseles unas incisiones y sazónense con sal; úntese con manteca una cacerola plana, echando un fondo de cebolla, setas y perejil picados; unas cucharadas de jugo concentrado frío. Agréguense las pescadillas, cubriéndolas también de cebollas, setas, perejil picado, y luego, con miga de pan rallado. Sazónese con sal, rocíese con manteca, mójese con un poco de vino blanco. Hágase hervir y cocer quince minutos al horno o entre dos fuegos. Sírvase caliente.

PESCADILLAS FRITAS.—Límpiense bien cuatro o cinco pescadillas, quitando las tripas, dejándoles el hígado; désele cuatro o cinco ligeros cortes en cada lado; hecho esto, se rebozan con harina, se fríen sobre fuego vivo, y se sirven encima de una servilleta doblada y adornada de perejil en rama, espolvoreándola con sal.

TRUCHAS CON LIMÓN.—Échense en agua caliente después de limpias y se dejan hasta que estén cocidas; luego se sacan y rocían con zumo de limón y un poco de pimienta. Se sirven adornadas con rajitas de limón.

TRUCHAS A LA "CHAMBORD".—Después de limpias, se les quita la piel por un lado y se mezclan con tocino y trufas cocidas; se colocan en una fuente al "gratín" guarneciendo el fondo con verduras cortadas delgadas; se rocía con manteca, se sazona, se cubre con lonchas de tocino, se moja con vino tinto y se pone a cocer al horno.

Se prepara una guarnición de trufas y setas cocidas, que se pone aparte. Se hace una salsa con el cocimiento de la trucha; se coloca ésta sobre la fuente, adornándola con cangrejos, trufas y setas picadas, echando un poco de salsa por encima, y lo demás en la salsera.

TRUCHAS A LA PARRILLA.—Tomemos dos truchas de mediano tamaño, que estén bien frescas; vacíense por las agallas; córtense por ambos costados trazando varias líneas desde el lomo al vientre, sazónense, úntense de aceite, colóquense sobre la parrilla una al lado de otra, sin tocarse; ásense a buen fuego, volviéndolas oportunamente; colóquense sobre un plato caliente y aderécense con salsa mayonesa.

TRUCHAS RELLENAS.—Lavados y limpios cuatro pescados de igual tamaño, se escurren bien y se llena el tronco con una especie de albondiguilla preparada con carne de carpa, trufas o criadillas de tierra y setas; se atan las cabezas de las truchas y se cuecen éstas en medio caldo. Terminada la cocción se sacan aquéllas, se ponen a escurrir, se prepara dos veces huevo, se fríen hasta conseguir que adquieran buen color, y se sirven con salsa de tomate.

CARPA A LA ALEMANA.—En una cacerola se pone la carpa bien limpia y escamada con sal, pimienta, especia y cebollas cortadas en ruedas delgadas; cuando está todo bien frito se añade cerveza hasta que lo cubra, dejándolo cocer hasta que vayan embebiendo la sal, y se sirve.

RAYA A LA CASERA.—Después de bien lavada la raya en agua fría, sacado su hígado, que se separa, y cortadas las aletas en pedazos, póngase a cocer en una cacerola o perol con agua, vinagre, cebolla y un poco de sal; se la deja dar dos hervores para que no esté demasiado cocida; sáquese luego y échese en una fuente para pelarla; póngase después en la hornilla con medio caldo; cuando se vaya a servir se escurre, se coloca con su hígado cocido por encima y se rocía bastante con salsa blanca.

RANAS CON HUEVOS.—Se pone a cocer en una vasija ancha agua con sal, perejil y ajos fritos con todas especias; cuando esté cociendo se echan las ranas para cocerlas y cuatro o seis huevos estrellados, esparciéndolas, y sirviéndolas muy calientes.

FRITO DE RANAS.—Sólo las ancas, después de despellejadas y bien limpias, se cuecen con sal, perejil, ajos fritos y todas especias. Después de cocidas se rebozan con huevo y harina, y se fríen en aceite o manteca de cerdo.

ANGUILA EN SALSA.—Para guisar como es debido una anguila se la pone en la parrilla, envuelta en papel untado de aceite o manteca de cerdo; una vez hecha, se divide por el lomo al tiempo de servirla; para que esté mejor, se rellena con una masita hecha de manteca de vaca, hierbas finas y pan rallado. También se puede hacerle un guiso de salsa blanca que se sirve en la salsera aparte y la anguila en otro plato.

El zumo de limón es casi indispensable para este plato.

OTRA FÓRMULA.—Limpias las anguilas, y después de arrancarlas la piel, se sazonan con sal fina y se fríen enroscadas en aceite caliente; cuando están fritas se les añade una salsa de harina tostada, ajo y perejil picados y un poquito de pimienta, adicionando otro poquito de caldo. Una vez junto todo se revuelve la cazuela para mezclarlo bien.

ANGUILAS FRITAS.—Limpias y quitada la piel se sazonan y fríen en aceite caliente. Puede freírse también envolviendo cada trozo en harina.

ANGUILAS ASADAS.—Limpias y sazonadas se las quita la piel, y enroscadas y enteras se les echa por encima harina tostada con cebolla, también dorada en el mismo aceite, y con un poco de caldo; se meten al horno y se asan.

ANGUILAS GUISADAS.—Una vez fritas y colocadas en una cacerola se les echa cebolla frita, harina, pimienta y caldo y se hierve todo un rato.

ANGUILAS CON TOMATE.—Limpias, sin cabeza y piel, se sazonan y fríen a trozos; se les agrega una salsa de tomate y cebolla dorada, y a fuego lento se cuece hasta que estén en su punto.

ANGUILAS CON GUISANTES.—Limpias, sin cabeza y piel, se sazonan y fríen a trozos; se les agrega una salsa de tomate y cebolla dorada, y se les mezcla guisantes, que estarán cocidos y escurridos.

ATÚN FRITO.—Después de limpio y partido a rajas se pone con sal, como una hora. Después se seca con un paño limpio y se fríe en aceite muy caliente.

ATÚN ASADO.—Se prepara y limpia como el anterior y se pone a asar en aceite muy caliente y cebolla, y, si se quiere, se le agregan patatas moldeadas.

ATÚN GUISADO.—Limpio y sazonado como los anteriores, se fríe envuelto en harina, se dora bien, se dora cebolla, y se le echa caldo, pimiento molido, se deja hervir un rato y se pasa la salsa.

ATÚN CON TOMATE.—Se toma un buen trozo de atún, se limpia y pone a cocer con agua y sal; después se pone en agua fría, y en aceite caliente se fríe, se fríe cebolla, se echa salsa de tomate; cuando está casi hecho se le agregan tiritas de pimiento.

RELLENOS

CONCHAS RELLENAS.—Preparada la pasta como para hacer croquetas, se rellenan las conchas, se espolvorean de pan rallado y se meten al horno hasta que se doren.

PIMIENTOS RELLENOS.—Se toman unos pimientos pequeños, se les quita la parte de arriba con las semillas y se rellenan con un picadillo de ajo, perejil, sal, ternera, jamón y cebollas, agregando también un huevo batido; después de rellenos los pimientos, se van rehogando y colocándolos en una cacerola, haciéndoles la salsa de harina o de tomate. Lo mismo pueden rellenarse los calabacines.

HUEVOS RELLENOS.—Después de cocidos se sacan, pelan y parten por la mitad a lo largo; se sacan las yemas y se aplastan bien en el mortero; se reúnen con un picadillo de carne, lomo y jamón; se rellenan las claras, se rebozan en miga de pan y huevo batido, se fríen en aceite o manteca muy caliente, y se sirven con una salsa de tomate.

PATATAS RELLENAS.—Después de peladas las patatas se les hace un hoyo con un aparato a propósito; se rellena el hoyo con un picadillo; se rebozan en harina y huevo batido y se fríen en aceite muy caliente, hasta que estén doradas; se colocan en una cacerola y en el aceite que se han frito se echa cebolla picada y se dora la harina, poniendo, si se quiere, pimentón encarnado; se hacen hervir lentamente hasta que estén blandas.

ALCACHOFAS RELLENAS.—Limpias y cocidas con agua y sal las alcachofas, se escurre toda el agua y se rellenan con un picadillo de carne y jamón; se rebozan en huevo batido y se fríen con manteca bien caliente; se les hace la salsa como a las patatas rellenas, adornando la fuente con unos picatostes.

CALABACINES RELLENOS.—Se quita la piel, se quita una de las puntas, y con el aparato de las patatas se vacían, dejando un hueco; se rellena ese hueco, siguiendo en todo el mismo procedimiento que en los otros rellenos.

LOMO RELLENO.—Se abre el lomo y se estira bien con el mazo, rellenándolo con aceitunas picadas, tiras de tocino y jamón, un poco de pimienta y de nuez moscada; se ata, y con agua y sal y despacio se cuece tres horas. Se sirve frío, cortado en ruedas.

SOLOMILLO DE CERDO RELLENO.—Se abre y extiende como el otro; se rellena con tiras de jamón, huevos duros y tiritas de puerro y cebollas; se ata fuerte y sazona de sal y zumo de limón; se pone en una besuguera donde habrá manteca bien caliente, dorándole por los dos lados, y mezclando a la grasa un picadillo de cebolla. Se corta en ruedas y se pasa a la salsa.

MORCILLA BLANCA O RELLENOS A LA NAVARRA.—Se baten doce huevos, se mezcla un cuarto de kilo de arroz cocido antes, doscientos gramos de sebo fresco de carnero, cortado a pedacitos, perejil, cebolla y ajo picados, canela y azafrán molidos; una vez hecha la pasta con todo esto y sazonado de sal, se rellenan intestinos bien limpios, se llena un poco más de la mitad y se pone en una olla para que cuezan lo mismo que las morcillas, cuidando de pinchar a menudo la tripa para que salga el aire y no se revienten; después de fríos se cortan a ruedecitas y se fríen, haciéndolos con sangrecilla frita con cebolla y una salsa de almendra o de tomate.

CONSERVAS

TOMATE AL NATURAL.—Se lavan los tomates, se secan, y muy apretados se colocan en botes de hoja de lata. Después de bien llenos se sueldan y cuecen cuatro horas al baño maría.

RECETA MÁS PRÁCTICA.—Se escaldan y pelan los tomates, pasándolos por un tamiz; después, bien disueltos y muy bien mezclados, se pone por cada litro de líquido un gramo de ácido salicílico, se baten mucho y se vierten en botellas de cierre automático; se ponen unos dos centímetros de aceite de oliva en cada botella.

PASTA DE TOMATE EN BOTES O BOTELLAS.—Se hierven un momento los tomates; se pasan bien exprimidos por un colador. Se llenan de esta pasta unas botellas negras, dejándolas un poco vacías; se tapan con un corcho que se tendrá remojando desde el día anterior; se ata fuerte con un alambre y se lacran. Se cuece cuatro horas al baño maría; si son latas soldadas.

TOMATES EN SALMUERA.—Se frotan bien con un paño tomates maduros y muy sanos, y se ponen en frasco de cristal de boca ancha. Se prepara una parte de sal, otra de vinagre y cuatro de agua; se vierte sobre los tomates, echando por encima aceite de olivas, como dos centímetros antes que el tapón.

PIMIENTOS ENCARNADOS.—Se asan pimientos morrones muy sanos, se pelan y limpian las semillas, se ponen en latas, se sueldan y cuecen dos horas al baño maría.

GUISANTES.—Se desgranan, y sin sal se les da un hervor, se escurren bien, se llenan las latas, se sueldan y cuecen al baño maría.

HABAS EN VAINA.—Se despuntan, se parten a lo largo por la mitad y se hace todo como los guisantes.

ESPÁRRAGOS.—Se procura cortarlos iguales y se colocan todas las puntas hacia arriba, procediendo para su cocción y cierre como en los anteriores.

FRITADA.—Escaldados y pelados los tomates, se parten menuditos; se cortan a tiras pequeñas pimientos verdes; se fríe (sin sal) todo junto; se llenan las latas, se sueldan y cuecen tres horas al baño maría.

MELOCOTONES.—Se pelan y quitan los huesos con cuidado y se ponen en latas o frascos de cristal; se echan dos cucharadas de azúcar fina; se suelda o tapa bien y se cuecen dos horas al baño maría.

GUINDAS EN AGUARDIENTE.—Se quita el palito a las guindas; se frotan con un paño y se meten en un frasco de boca ancha. Por cada kilo de guindas se ponen doscientos gramos de azúcar blanca, unos palitos de canela, y se llena el frasco de aguardiente seco de primera clase, de modo que queden las guindas bien cubiertas. Pasado un mes pueden servirse.

ACEITUNAS.—Después de tenerlas quince días en agua y cambiar ésta una vez al día, se ponen con una ligera disolución de potasa; dos días después se lavan bien con muchas aguas, y vuelven a dejarse cinco días con agua, cambiándola todos los días; pasado este tiempo se ponen en una vasija con agua, sal, hinojo, alcaravea y ajedrea; se tapan bien, y pasados algunos días podrán servirse.

PIMIENTOS EN VINAGRE.—Se toman pimientos morrones, se frotan bien con un paño y se ponen en una olla de boca ancha; se rellena con agua y vinagre en partes iguales, de modo que queden bien cubiertos. (Igual se ponen las guindillas, pepinillos y zanahorias moradas.) Pasados cuarenta o más días pueden principiar a comerse, sin agua. La vasija ha de ser de cristal con tapón esmerilado y siempre herméticamente cerrada.

CARNES

CARNE RELLENA.—Un trozo de carne, puede ser pierna de carnero deshuesada y abierta, se rellena con picadillo de jamón, lomo de cerdo, ajo, perejil, especias y sal; se aprieta el picadillo y mezcla con huevo bien batido; después se va agregando caldo o agua hasta que esté cocida, y se sirve adornando la fuente con patatas fritas de forma bonita, aceitunas, ramitas de perejil, pimiento encarnado, y todo lo que dé de si el buen gusto de la cocinera; también se puede echar a la cocción una copa de aguardiente.

CORDERO ASADO.—Se pincha bien una pierna de cordero y se le pone sal y un diente de ajo; se unta bien con manteca de cerdo y se pone en el asador o se mete al horno en una tartera; se sirve con una guarnición de ensalada.

TERNERA.—Se toman los filetes y se aplastan bien; se hace una pasada de harina, huevo, sal y unas gotas de limón; se envuelven en esto los filetes, después en miga de pan, rallada, se fríen en manteca caliente, y se sirven.

LOMO ADOBADO.—Limpio el lomo de cerdo de las grasas y cortado en ruedecitas, se pone en el adobo, que se habrá hecho con ajo machacado y orégano; cuando está molido, se agrega vinagre y pimentón encarnado, un poco de agua y sal; a las veinticuatro horas de estar adobado puede freírse y servirlo; se adorna la fuente.

BOLA DE CARNE.—A medio kilo de repicado de vaca se le pone tocino, ajo y perejil menudito, un poco de miga de pan rallado, pimienta, zumo de limón, sal y dos huevos batidos; se amasa bien todo y se mete la pasta en una servilleta limpia, apretando de modo que forme una bola. Se pone a cocer en el cocido, dejando fuera las puntas de la servilleta; se cuece una hora, se saca, y, sin quitarle la servilleta, se coloca entre dos tablas y se le pone peso encima, dejándola hasta el día siguiente en que se saca de la servilleta, se corta con cuidado en lonjas delgadas, y se sirven después de rebozadas en huevo y pan rallado y fritas en manteca o aceite bien caliente.

ESTOFADO.—Se parte a trozos la carne bien magra y se pone en una olla con aceite, un poco vinagre, vino blanco, una cabeza de ajos, cebollas enteras y sal; el agua necesaria, y que cueza a fuego lento; pueden mezclarse algunas patatas.

MECHADO.—La carne de vaca o ternera; el tajo redondo se limpia de grasa y piel, y con un cuchillo de punta se agujerea, introduciendo en los agujeros lonjitas de tocino y jamón, ajo, perejil picado y un polvito de pimienta. Después se pone en una cacerola con manteca, un vaso de vino blanco y un ramillete; se sazona de sal y se cuece a fuego lento.

CARNE CON ALCACHOFAS.—Se pone la carne en filetes con manteca, ajos, cebolla y perejil, todo bien picado; se deja rehogar y se le agrega harina; cuando se tuesta se le echa caldo o agua hasta que se cueza; aparte se tienen cocidos cogollitos de alcachofas que se rebozarán con harina y se fríen; se echan en la carne, se pone vino blanco y se deja cocer hasta reducir la salsa, y que no se deshagan las alcachofas.

FIAMBRE.—Se pide carne tajada, abriéndola por el centro y procurando que quede unida por un costado. Se corta a tiras y se va colocando sobre la carne, que ya tendrá sal, una pechuga de gallina, ternera, jamón y trufas. Después se envuelve en la carne, se aprieta bien y se cose.

Se pone al fuego en una cacerola con manteca, y cuando haya tomado color, se añade caldo, hierbas finas y un vaso de vino blanco. Cuando está reducida la salsa se saca la carne y se pone peso encima.

CABEZA.—Después de abierta a lo largo por la mitad una cabeza de carnero o cordero, y cuando está bien limpia, se rellena con un picadillo de ternera, tocino, ajo, perejil, pan rallado y huevos batidos, sal y pimienta. Después se ata la cabeza, se frota con limón y manteca y en una tartera en que se habrá puesto una sopa de pan, se mete al horno.

BIFTECK.—Se toma unos filetes de solomillo de vaca, se aplastan con el mazo y se ponen en una fuente con sal, ajo, limón y aceite fino; se dejan unas horas y cuando se hayan de servir se untan con manteca y asan en la parrilla.

CHULETAS ASADAS.—Se sazonan de sal, y por los dos lados se les pone ajo, perejil, pan rallado y manteca y zumo de limón; se envuelven en papel blanco, se asan en la parrilla, y se sirven en el mismo papel.

GORRINITO ASADO.—Después de bien limpio se sazona con sal y pimienta, interior y exteriormente, se rocía con manteca y vino rancio, se mete al horno con cuidado de echarle por encima la grasa que va soltando. Cuando está tostado, se sirve bien caliente.

TERNERA EN RAJAS.—Tómense unas rajitas finas de ternera, sazónense de sal y zumo de limón; se bañan en manteca de cerdo y se envuelven en pan rallado, que se tendrá mezclado con perejil y queso muy picado; se colocan en una cacerola y se meten al horno.

TERNERA CON CHAMPIÑONS.—Después de escurridos y lavados con dos o tres aguas los champiñons de una latita, se cuecen en buen caldo, se pican y mezclan con algunas trufas, también picadas. Se fríe cebolla, se echa la ternera partida a trozos, sazonada de sal, se agrega una taza de vino blanco, un poco de nuez moscada y harina tostada, se une con los champiñons, cociendo todo un poco antes de servirse.

TERNERA CON ALCACHOFAS.—Cuézanse las alcachofas con agua hirviendo y sal en una cacerola; se prepara manteca de vaca; se fríe la ternera y cebolla, se agrega un cacito de caldo, se une a las alcachofas, y a fuego lento se deja cocer hasta que está en su punto. Lo mismo puede hacerse con guisantes o con salsa de tomate.

TERNERA ASADA.—En manteca o aceite se dora bien la carne, sazonada con sal y vino blanco; se agregan unas rajas de cebolla y se deja cocer unas tres horas; puede servirse con puré de patatas.

TERNERA EN FIAMBRE.—Se hace un picadillo de ternera y jamón; se mezcla especias y vino blanco, haciendo una masa; se coloca en una tartera baja, formando un rollo, y se mete al horno; cuando está a punto se separa del fuego y corta a ruedecitas.

OTRA FÓRMULA.—Se toma un cuarto de kilo de solomillo de ternera y se corta a tiras, y lo mismo se corta media libra de jamón y una lata pequeña de trufas. Se baten cuatro huevos, y con miga de pan rallado y una copita de ron se hace una pasta.

Se toma piel de ternera, se estira bien, y se colocan intercaladas las tiritas y trufas; encima, una capa de la pasta de huevo, otra de tiras, y así sucesivamente.

Una vez preparado, se dobla, se cose y mete en un paño limpio, poniéndolo a cocer. El agua donde se cuece se sazona de sal, puerro, zanahoria y tomillo; se saca y prensa. Puede conservarse dos o tres días; más, no.

TERNERA SALTEADA.—Se toma un trozo de ternera de buena clase, se macera bien hasta dejarla delgada, se sazona de sal, se reboza con harina, y en manteca de cerdo bien caliente se dora.

Se le pone ajo, perejil, vino blanco y caldo; ha de hervir a fuego lento. Se le echa una salsa de almendra y yema de huevo cocido, y deshecha con otro poquito de vino blanco. Se corta la ternera en trozos pequeños, se colocan en una fuente, se vierte por encima la salsa pasada, cubriéndola por último con huevos duros y perejil.

TERNERA EN BECHAMELLE.—Se hace una bechamelle fina, y cuando se saca del fuego se le incorporan yemas de huevo.

Sazonados de sal, se fríen un poco unos filetes de ternera y se colocan por capas en una cacerola baja; es decir, una capa de filetes y otra de bechamelle, procurando que la última sea de bechamelle. Se echa por encima pan molido y se mete al horno hasta que se dore.

TERNERA A LA JARDINERA.—Tómese un trozo de ternera buena, y todo en crudo póngase cebolla muy picada, ajo, pimientos, tomates, perejil, pimienta, aceite, y doble cantidad que de aceite, de vino blanco, sal, manteca y canela.

Se hace hervir poco a poco y antes de terminar la cocción se agrega un cacillo de caldo de cocido.

Cuando está en su punto se pasa la salsa y se le agrega un poquito de zumo de limón.

PUDDING DE CARNE.—Se hace un picadillo de carne, jamón y cebolla; se sazona de sal y se mezcla con huevos batidos y salsa de tomate.

Se coloca en un molde, y se cuece al baño maría, y antes de servirlo se tiene en el horno para que se dore.

TERNERA CON ACEITUNAS.—Se mezcla con jamón un trozo de ternera buena; se sazona con sal y zumo de limón; se dora con manteca y se echa un poco de harina tostada, un cacillo de caldo y un vaso de vino blanco.

Cuando está casi cocida se mezclan aceitunas deshuesadas, se deja hervir un cuarto de hora, y se sirve.

FRICANDEAU.—Se mecha con jamón y tocino gordo un trozo de buena ternera, y se dora en manteca; se le pone cebolla cortada a ruedas, nuez moscada, vino blanco y tomillo. Se cubre con un papel de estraza en vez de tapadera y se cuece a fuego muy suave.

CUCURUCHOS.—Se preparan unas rajas de ternera bien delgadas; se cubren con un picadillo de jamón, huevos duros y perejil; se hacen un rollo y se ata.

Se rehogan en manteca muy caliente, después de rebozarlas con harina; se añade caldo de cocido, vino blanco y cebolla picada; se hace hervir y se colocan los cucuruchos en una fuente al tiempo de servirlos, echándoles la salsa pasada por encima.

Para adornar la fuente se tienen cocidos de antemano guisantes, coliflor, alcachofas, judías verdes, todo por separado, y se ponen alrededor de la fuente grupitos de estas verduras intercaladas con huevos duros.

TERNERA CON ZANAHORIAS.—Se coloca en una cazuela un trozo

Pasados esos días, se saca y se la pone unas horas en agua fría; se lava, se quita la piel, y se pone a cocer en agua con zanahorias, clavo, perejil y cebollas, hasta que esté bien tierna; se saca del agua y se la mete en prensa durante un par de días.

VACA ESTOFADA.—Se escoge un buen trozo de vaca, se golpea, se mecha con tiritas de tocino y pedacitos de ajo, se coloca en un adobo de tomillo, laurel, cebollas, estragón, ajo, pimienta quebrantada, limón cortado en ruedas delgadas, dejándolo así toda la noche.

A la mañana siguiente se enjuga bien y se frota con sal especial. Luego se dora a buena lumbre en una cacerola. Ya dorada se traslada a un puchero grande de barro, provisto de un lecho de buen tocino, y se pone a cocción lenta. Se moja a nivel de la carne con buen vino tinto y el adobo. Se deja que vaya cociendo a fuego lento hasta que espese la salsa. Se desengrasa, y se sirve.

MANOS DE CARNERO EN SALSA.—Soflámese una docena de manos de carnero, suprímase el mechoncito de pelo que tienen en medio de la hendedura de la punta, y cuézanse en una salsilla blanca durante cuatro horas. Escúrranse entonces sobre un paño blanco y suprímase el hueso.

Hágase reducir a buena lumbre unas cucharadas de jugo blanco con setas previamente pasadas por manteca; trábese con tres yemas de huevo, agréguense unos veinte gramos de manteca fresca, una pulgarada de perejil blanqueado y zumo de limón, e incorpórense las manos de carnero a esta salsa poco antes de servir.

CHULETAS DE TERNERA ASADAS CON TOMATE.—Se toma un trozo de carne que contenga huesos de la espina dorsal y costillas. Se corta por ambos lados de una de éstas y a lo largo del hueso poco al bies; para obtener buenas chuletas no deben sacarse más de cuatro de cada costillar de carnero.

Las de ternera no se cortan al bies, porque en este caso resultarían voluminosas; los cortes han de ser perpendiculares al eje de la espina dorsal, cuidando de conservar la parte de la envoltura.

Se sazonan y colocan sobre una parrilla bien limpia, unas junto a otras. Se mantienen sobre el fuego durante un cuarto de hora, cuidando de volverlas con manteca, y cuando estén pasadas se disponen sobre una fuente, y se sirven con una salsa de tomate.

TERNERA ASADA EN SU JUGO.—Se toma un trozo de ternera y se sala; póngase en una tartera con manteca de cerdo media hoja de laurel, uno o dos granos de pimienta, un clavo de especias, y se mete en el horno fuerte.

Cuando quede bien asada y dorada, se rocía con vino blanco, formándose un excelente jugo, aumentando un poco de caldo desengrasado pasando por un colador fino. Puede servirse al natural con su propio jugo o adornada de berros o cualquier otra ensalada natural o compuesta aparte. Para la ternera asada puede emplearse adornos de patatas o de otra clase de legumbres.

PECHO DE CARNERO RELLENO.—Ábrase por el lado de las costillas, deslizando la hoja de un cuchillo entre la piel y huesos; sazónese interiormente, llénese con un picadillo de cerdo, y mezclando un poquito de pan rallado con setas picadas, cebolla y perejil también picado.

PIERNA DE CARNERO A LA CAMPESINA.—Extraer el hueso de la cavidad; úntese la carne con un diente de ajo, cuézase la pierna, dando forma redonda; rehóguese con tocino picado en una cacerola, sazónese, y cuando esté a medio cocer, colóquese en vasija redonda; rocíese con su moje, y extiéndase alrededor de la pierna una capa de cebollas, alubias, secas, cocidas antes, y sobre las alubias patatas mondadas y crudas, sazonadas de sal y pimienta.

Cúbrase todo con caldo, hágase hervir el líquido, tápese la cazuela y se deja hervir hasta que esté todo bien cocido.

CHULETAS DE CARNERO A LA PARRILLA.—Prepárense todo lo anchas que sea posible; se sazonan de sal y se sumergen en aceite; se colocan sobre una parrilla al natural o empanadas, volviéndolas a los cinco minutos y teniéndolas otros cinco del otro lado. Colóquense en una fuente caliente, y sírvanse con su jugo o con un adorno de patatas fritas, salteadas, en puré o a la mayordoma.

CHULETAS DE CORDERO A LA PAPILLOTE.—Córtense las chuletas y aplástense, dándoles buena forma; se sazonan de sal y se colocan en una cacerola con tocino derretido; se rehogan volviéndolas, y cuando estén cocidas póngase a escurrir el tocino en otra cacerola, y con la grasa se rehogan finas hierbas, después de picadas, para retirarlas así que hayan perdido la humedad.

Agréguese perejil picado y jamón cocido y picado también, y déjese enfriar. Entonces se envuelven las chuletas con dos capas de aderezo, y se van poniendo sobre papel fuerte y cortado en forma de corazón, y se pliega el papel de manera que envuelva enteramente las chuletas. Éstas se colocan en unas parrillas, se calientan volviéndolas a menudo, para que el papel no se ponga negro, sirviéndolas en el mismo papel.

CHULETAS DE CORDERO EMPANADAS.—Después de rehogadas en manteca, pero sin que adquieran demasiado color, se dejan enfriar con su jugo, se preparan con yema de huevo, y pan en la forma ya conocida, se asan a la parrilla a fuego lento, y se sirven con jugo claro o zumo de limón.

COSTILLAS DE CORDERO A LA BECHAMELLE.—Se baja la carne dejando el palo descubierto y se envuelven en la pasta, después en huevo, y últimamente en miga de pan rallado; la bechamelle se hace con manteca y leche, y cuando está hirviendo se sazona de sal, se le echa harina y se trabaja con una cuchara de madera.

LENGUA DE CARNERO CON TOMATE.—Mondada y escaldada con agua hirviendo, se pone a escurrir y se cuece con caldo o agua un manojito de hierbas, sal, pimienta, cebollas y zanahorias; se raja a lo largo, después de despellejada se envuelve en un papel untado de aceite, se remoja en salsa de tomate, se tiene un rato en la parrilla, y se sirve en el mismo papel.

LENGUA DE CARNERO EN SALSA.—Después de cocida la lengua se saca con un tenedor y se coloca en otra cacerola con sesos de carnero y pies de lo mismo, después de deshuesados y cocidos. El caldo de las lenguas se aumenta con jugo de lo demás y vinagre, se le hace hervir y se traslada a otra cacerola; se desengrasa la salsa, se cuela y se vierte sobre las lenguas.

EMPANADAS DE TODA CLASE DE CARNES.—Se prepara una pasta quebrada, un hojaldre o rebanaditas de pan, y entre dos panes o dos hojas de pasta se mete picadillo de carne de cualquier clase, ternera, jamón, carne de aves, o mejor aún si están mezcladas.

Hecha la empanada se moja en leche, se coloca sobre un paño, poniendo peso encima, y se deja reposar unas horas, después se reboza con huevo, y en manteca o aceite muy caliente se fríe.

CARNES DE CERDO GUISADAS Y EN EMBUTIDOS

TOCINO MAGRO CON TOMATE Y PIMIENTO.—Se pone aceite en la sartén con ajos partidos, después de fritos se tiran, y se echan los trocitos de tocino; aparte se hace el tomate, se echan pimientos, se mezcla todo, y se deja un ratito rehogando antes de servirlo.

LOMO DE CERDO A LA JUNCADELLA.—Se cortan unos buenos filetes de lomo de cerdo fresco y se aplastan, mojándolos con un poco de manteca de cerdo en líquido; seguidamente se pasan por miga de pan blanco rallado, mezclando un poco de ajo y perejil; luego se aplastan un poco y se fríen con manteca de cerdo bien caliente, y retíranse con bonito color dorado. Se prepara una abundante guarnición de berenjenas y pimientos asados en el horno, a los que se les separa la piel y se cortan en pedacitos regulares, salteándolos con un poco de aceite, ajo y perejil. Al servirlos se colocan los filetes en un lado de la fuente, y en el otro lado se coloca la guarnición; se aumenta un poco de jugo, y queda terminado. Es un excelente plato de almuerzo.

De igual modo pueden prepararse filetes de solomillo, lomo de vaca, pierna de carnero asada y otras carnes.

LONJAS DE CERDO CON CEBOLLAS.—Cortar en ruedas cuatro cebollas. Rehogarlas en la sartén a poca lumbre. Mojarlas con algunas cucharadas de vinagre y dejar que merme casi todo el jugo. Añadir entonces unas tajadas de lomo de cerdo sazonado con sal y pimienta. Hacerlas saltar juntas de diez a doce minutos. Rociarlas con cuatro cucharadas de una buena salsa de tomate, y después servirlas.

LOMO RELLENO.—Se abre un trozo de lomo y se estira con el mazo, se rellena con aceitunas picadas, tiras de jamón y de tocino, un polvo de pimienta y un poquito de nuez moscada; luego de relleno se ata con hilo fuerte o se cose y pone a cocer a fuego lento durante tres horas, en agua con sal.

Esta carne se corta en rebanadas, y se sirve fría.

LOMO DE CERDO EN BECHAMELLE.—Córtense unas lonjas finas, fríanse en manteca de vaca o de cerdo después de adobadas; envuélvanse en una bechamelle muy cocida y déjense enfriar; luego de frías rebócense como las croquetas y fríanse.

LOMO CON ARROZ.—Se toma un trozo de tierno, se adoba con sal y ajo y se pone a asar en manteca bien caliente; a medio asar se le separa de la manteca, y en ella se fríe cebolla picada, luego de frita se echa el arroz y se rehoga un rato, añadiendo agua hirviendo, y se deja hervir a fuego vivo; cuando el agua va ya mermando, se corta el lomo en rajas y se mezcla con el arroz, hasta que termina la cocción.

SOLOMILLO DE CERDO.—Después de limpio un solomillo, se sazona de sal y se mezcla con tiras de jamón; se deja unas tres horas, y luego se rocía con jerez, caldo y pimienta inglesa, sirviéndolo entero y guarnecida la fuente.

SOLOMILLO DE CERDO AL HORNO.—Se adoba con sal y ajo un solomillo y se coloca en una besuguera bien rociado de zumo de limón, y cuando esté en su punto se sirve con patatas fritas o picatostes.

SOLOMILLO DE CERDO RELLENO.—Se abre el solomillo, y bien macerado se extiende; se rellena con tiras de jamón, de puerro, cebolla y huevos duros; se hace un rollo, se ata y rocía con sal y zumo de limón.

Se coloca en una besuguera y se pone a dorar, bien untado con manteca, se echa cebolla muy picada, y se le deja cocer un par de horas.

Al tiempo de servirlo se corta en lonjas, pero sin que pierda la forma; la salsa se pasa.

MANOS DE CERDO EN SALSA.—En una vasija con agua, sal, zanahoria, perejil y cebolla, se cuecen las manos de cerdo; después se sacan y deshuesan, rebozando los trocitos de carne con harina y huevo batido; se pone en una cacerola y se hace salsa echando en la misma manteca una cucharada de harina para que se tueste, y un cacillo de caldo del cocido.

Todo junto se hace hervir un rato.

MANOS DE CERDO REBOZADAS.—Se cuecen muy bien por el mismo procedimiento que en la fórmula anterior, rebozándolas con harina y huevo batido, friéndolas en aceite fino muy caliente, y bien doraditos los trozos se sirven, poniendo una servilleta en la fuente antes de colocarlas.

MANOS DE CERDO CON BECHAMELLE.—Se hace exactamente igual que las anteriores, sino que antes de rebozarlas en pan molido y huevo batido, se envuelven bien en una bechamelle fina.

OREJAS DE CERDO REBOZADAS.—Se cuecen lo mismo que las manos, se cortan a trochos, se rebozan en harina y huevo batido; se sirven también sobre una servilleta.

MANOS DE CERDO TRUFADAS.—Se limpian bien las manos y se sacan los huesos; se hace un picadillo de lomo y jamón, se sazona con especias, se mezcla bien con trufas picadas, se rellenan las manos, que se habrán abierto a lo largo, cosiéndolas y poniéndolas a cocer hasta que estén a punto; después se les hace una salsa, y se sirven.

PASTEL DE HÍGADO DE CERDO.—Se pica medio kilo de lomo y otro medio de hígado, perejil, pimienta inglesa, pan molido y huevos batidos; se sazona de sal y se envuelve bien todo.

Se mete en un molde entre el velo de grasa que cubre el hígado, y bien cubierto con el mismo velo se cuece al horno.

FOIEGRAS DE HÍGADO DE CERDO.—Se pica muy menudo un cuarto de kilo de hígado y medio de manteca; se sazona con sal y pimienta molida y se capola muy finamente; se agrega una latita de trufas muy picadas; se coloca en un molde entre el velo del hígado y se cuece al baño maría, metiéndole por último al horno para que termine de hacerse.

CHULETAS DE CERDO.—Se cortan delgadas, se adoban un buen rato con sal y ajos, y luego se envuelven en pan molido y se fríen o asan en la parrilla.

JAMÓN FRITO.—Se cortan las magras delgaditas y se tienen remojando un buen rato, se secan con un paño limpio y se fríen en aceite muy caliente, teniéndolas sólo un momento por cada lado.

JAMÓN CON TOMATE.—Después de preparadas y fritas las magras como en la fórmula anterior, se sacan y en la misma grasa se fríe tomate, mezclándolo todo y sirviendo las magras bien colocadas en el centro de la fuente y el tomate alrededor.

JAMÓN CON GUISANTES.—Después de preparadas y fritas las magras, se sacan a una cazuela y en la grasa que han dejado se fríe cebolla muy menuda, y se refríen guisantes, que se tendrán cocidos de antemano, dejando que rehogue todo junto.

JAMÓN CON BECHAMELLE.—Se prepara el jamón; se envuelve en bechamelle y después se reboza en pan molido, huevo batido, segunda vez pan, se fríe en aceite muy caliente, y se sirve.

JAMONCILLO TRUFADO.—El jamoncillo relleno con trufas o sin ellas puede hacerse lo mismo que se hace el solomillo.

PASTEL A LA ITALIANA.—Se hace un picadillo de tocino, lomo, ternera, jamón y se hace una pasta con vino blanco y huevos batidos; en un molde de forma bonita se pone tiritas de jamón cruzadas, otra capa de pasta, otra de tiras de jamón, y así sucesivamente, hasta llenar el molde. Después se mete al horno cuidando de ir separando la grasa que vaya sacando, y cuando está en su punto se prensa.

JAMÓN EN DULCE PARA EL MOMENTO.—Se cortan unas magras de jamón muy finas y se meten en vino blanco muy azucarado, durante una hora; se seca bien con un paño blanco y se refríen en manteca de vaca muy caliente, y haciéndole hervir en el mismo vino azucarado donde se ha remojado.

JAMÓN EN DULCE.—Tómese un trozo grande de jamón y póngase a remojar un día entero. Después se le quita la piel y la parte grasa, y se pincha mucho con una aguja gruesa, poniéndole a cocer dos horas y media o tres con dos partes de vino blanco y una de agua, echándole hierbas aromáticas.

Se saca y seca bien, rociándolo de jerez y azúcar; se redondea bien y se mete en un molde a propósito, prensándolo en el mismo molde, envuelto en un paño.

Al día siguiente se saca, se espolvorea con azúcar y se tuesta con una pala candente.

JAMÓN CON HUEVOS HILADOS.—Se desala, cuece y prepara el jamón, igual que en la fórmula anterior, y cuando se va a servir se corta en lonjas muy finas y se adorna la fuente con huevos hilados.

OTRA FÓRMULA.—Con harina y agua templada hágase una masa muy trabajada y fina; póngase en medio un trozo de jamón desalado y sin piel y métase al horno; cuando está cocido se desprende de la masa, se rocía el jamón con azúcar y jerez, se envuelve en un paño y se prensa.

QUESO DE CABEZA DE CERDO.—Se cuece la cabeza de cerdo, liada en un paño limpio, hasta que se desprendan los huesos; se deshuesa y la carne se pica muy menuda; se sazona de sal, pimienta y clavillo molido y bastante cantidad de pimienta entera, mezclando todo bien y poniendo esta pasta a cocer en el agua que antes ha cocido. Cuando se conoce que ha cocido bastante, con una espumadera se van llenando con pasta los moldes, teniéndolos al fresco tres o cuatro días con sus noches. Después se sacan de los moldes como el queso helado.

CABEZA DE JABALÍ.—Se deshuesa la cabeza, se pone a cocer con despojos de carne de cerdo, especias, cebollas, perejil y sal. Con este condimento se tiene ocho días. Se escurre bien, procurando reunir los trozos de modo que la cabeza no pierda su forma.

Se cose con hilo fuerte, procurando que el hueco que han dejado los huesos quede bien cubierto; se envuelve en paño y se cose muy apretado, poniéndolo a cocer durante ocho horas con agua y vino blanco por partes iguales con sal, tomillo, pimienta, perejil, laurel y zanahorias. Cuando esté cocida se separa del fuego dejándola enfriar tal como está por espacio de un par de horas; se saca, se la quita el paño, se aprieta bien con las manos para que salga el agua, procurando que no pierda la forma antes de presentarla.

CHORIZOS PARA EL COCIDO.—Tómese un kilo de carne de vaca magra, otro de cerdo magro y medio de gordo; píquese con la maquinilla, sazonándolo de sal, pimienta molida, bastante pimiento encarnado, un poco de pimiento picante y orégano. Se deja la pasta veinticuatro horas, dándole unas vueltas a menudo, se rellenan los intestinos y se ponen a ahumar.

CHORIZOS PARA CRUDOS.—Para cada kilo de carne magra de cerdo, medio de gordo; se repica bien, se sazona con sal, pimienta molida, pimentón y tres dientes de ajo bien machacados en el mortero. Se deja reposar la pasta unas quince horas. Se llenan luego los intestinos, haciéndolos del tamaño que se quiera, se ponen en salmuera dos días; después se sacan y ponen a ahumar, guardándolos colgados en sitio fresco.

SALCHICHÓN.—Se toma lomo de cerdo, se pica en la maquinilla y se pone con sal, pimienta molida y bastante en grano; a las veinticuatro horas se prensa la carne para extraerle el jugo; se tiene preparada bastante cantidad de tocino gordo cortado a cuadritos muy menudos, se mezclan con la carne y el intestino de ternera, bien limpio; se llenan los salchichones apretando bien la carne y pinchando mucho el intestino; se cuelga en sitio fresco muy aireado.

SALCHICHAS.—Se toma lomo de ternera y de cerdo que sean muy magros, se sazona de sal, bastante pimienta molida, nuez moscada y ron; se deja la pasta un par de horas reposando y después el intestino muy delgado se llena, atando de diez en diez centímetros; este embutido es mejor comerlo en el día.

LONGANIZA.—Por cada kilo de carne de cerdo picada, un ajo molido, media cucharada de orégano, una onza de pimienta molida y sal. Se mezcla todo bien y se deja en reposo veinticuatro horas; después en intestino de carnero se van haciendo las longanizas, pinchando mucho para que salga el aire.

BUTIFARRA.—Se pican con la maquinilla dos kilos de carne de cerdo, grasienta, y se echa en una fuente honda; se sazona de sal, pimienta molida, un poco de clavillo y otro poco de nuez moscada y una copa de vino blanco; se amasa mucho para que se mezcle bien; se cubre con un paño y se deja reposar hasta el día siguiente. En intestino de ternera o carnero bien limpio se llena con un embudo y se ata de trecho en trecho, poniéndolas en agua caliente en un caldero, pinchado, como todos los embutidos, y cociendo a fuego lento; se retira el caldero del fuego y sin sacarlas se dejan enfriar.

Después se sacan del agua, se frotan con un paño y se cuelgan en sitio aireado.

MORTADELA.—Se toma dos kilos de carne muy magra de cerdo, se limpia de nervios, se pasa por la maquinilla; después, en una tabla se golpea con un mazo de madera para que forme una pasta; se sazona de sal, especia, un poco de sal de nitro, otro de azúcar morena, removiendo la pasta por igual. Se corta un kilo de tocino gordo a cuadraditos; se mezcla en la carne y se echa una cucharada de aguardiente por cada kilo de carne; hecha la mezcla se pone ésta en una bolsa de tela, se ata fuertemente y se deja escurrir un día.

Se rellenan los intestinos de vaca, que se tendrán preparados, cuidando de apretar la masa y de picar el intestino para que salga el aire; se atan a la medida que convenga y se ponen a ahumar; después, en agua templada se acerca al fuego y se retira al romper a hervir, dejándolas en el caldero hasta que se enfrían; entonces se sacan, se aprietan bien y se frotan con un paño.

MORCILLA BLANCA.—Se pica gallina, tocino, huevo cocido y perejil, todo muy menudo; se sazona de sal, especias, se deja en reposo unas cuantas horas y se pone la pasta en intestinos, cociéndolas como las butifarras; son para comerlas en seguida.

MORCILLAS ASTURIANAS.—Se lava bien la grasa, despojándola de unas vetas que tiene alrededor y se pica. Separadamente se pica también cebolla y se juntan ambos picadillos en una vasija, en proporción de un plato de cebolla por plato y medio de grasa, se añade sal, pimentón, pimienta, clavo, un poquito de canela, otro poquito de pimentón, otro poquito de pimentón picante y orégano. Todo esto se procura mezclarlo bien con sangre de cerdo previamente colada en cantidad de una tacita por kilo de grasa, se agita bastante con la mano, a fin de que quede bien mezclado, dejándolo un rato en reposo para que tome el adobo. Luego, y por medio de un embudo se van llenando las tripas ya preparadas, atándolas con hilo fuerte y pinchándolas con un alfiler para extraer el aire.

Se pone al fuego una cacerola con agua y una rama de orégano y al empezar a hervir sáquese aquél, échense las morcillas dejándolas hervir a fuego suave y sacándolas cuidadosamente se las pincha para ver si sueltan sangre, en cuyo caso es que no se han cocido lo bastante y deben volverse otra vez a la cacerola para acabarlas de cocer, procurando cubrirlas con un paño una vez cocidas. Las tripas se lavan muchísimo en diferentes aguas frías con vinagre y sal.

MODO DE HACER SALMUERA.—Para un litro de agua medio kilo de sal corriente; ésta se añade cuando el agua está hirviendo, dejándola cocer y espumándola con frecuencia hasta dejarla clara como almíbar, que es cuando está en su punto; se retira de la lumbre y se pasa por un paño, esperando que se enfríe para verterla sobre los embutidos.

FRITOS

SESOS FRITOS.—Se les quita la película que los cubre y todos los hilos de sangre; se lavan en varias aguas y se ponen a hervir en agua con vinagre, sal y cebolla, durante media hora; una vez hervidos, sepárense del agua y córtense en trozos, envolviéndolos en harina y huevo batido y friéndolos en aceite bien caliente.

SESOS HUECOS.—Bien limpios los sesos de la telilla que los cubre, se cuecen con agua y sal; se dejan enfriar y se cortan a trocitos; se prepara una pasta con dos cucharadas de harina (flor), dos yemas de huevo, un poco de leche y sal. Cuando se van a freír los sesos, se baten a la nieve las dos claras de huevo y se incorporan a la pasta; se toma una cucharada de ella, se coloca en el centro un trocito de seso y en abundante aceite muy caliente, se fríe.

Se sirve en una fuente con una servilleta, intercalando como adorno ramitas de perejil o berro; este frito es exquisito poniendo en vez de trocitos de sesos un trocito de pechuga de gallina o de pollo.

SESOS REBOZADOS.—Después de preparados y cortados como en la anterior receta, se hace una pasta bastante espesa con harina de flor, dos huevos enteros, una cucharada de aceite, una de aguardiente seco, un poco de agua y sal. Se rebozan los trocitos en esta pasta y fríen en aceite muy caliente.

FRITOS.—Se prepara un picadillo de jamón y pechuga de gallina; se pone en una cacerola un poco de manteca de vaca; se echa una cucharada de harina, después una copa de leche y sal; cuando empieza a hervir se echa el picadillo retirándolo apenas se forme una pasta; se va colocando pasta de esta entre dos rebanaditas de pan del día anterior, se envuelve en huevo y miga de pan rallado y fríen en aceite muy caliente.

BOLADILLOS DE PATATA.—Para esto se cuecen unas patatas buenas con agua y sal, se pelan y prensan; después se hace una pasta con cien gramos de azúcar fino y cincuenta de canela molida por cada medio kilo de patatas; se trabaja mucho para que quede bien mezclado y después se hace todo como para los sesos, poniendo en vez del trocho de seso como el tamaño de una aceituna de la pasta hecha con las patatas.

BOLOS DE PATATA.—Cocidas con agua y sal medio kilo de patatas, se pelan y pasan por el prensa-puré; se baten dos yemas de huevo y una clara; se ponen cuarenta gramos de mantequilla y se trabaja mucho todo junto y cuando se forme una pasta espesa se pone en una jícara un poco de harina y se hacen unos bolitos como albóndigas; se fríen en manteca bien caliente, y se sirven.

BUÑUELOS DE VIENTO.—Se pone en una cacerola 100 gramos de harina, 50 de manteca de cerdo, una taza de agua, se sazona de sal y un poco de azúcar. Se acerca al fuego hasta que empieza a hervir, moviendo sin cesar con una cuchara de madera hasta que la pasta esté espesa y entonces se le incorporan tres huevos y raspaduras de limón, trabajando la pasta un buen rato; después se toma pasta con una cuchara y se fríe en aceite muy caliente y muy abundante.

BUÑUELOS DE BACALAO.—Se toma un cuarto de kilo de bacalao, se cuece y limpia de piel y espinas, picándolo mucho, y cuando está bien capolado se deja; se deslíen 100 gramos de harina con leche, se une a la pasta, trabajando todo muy bien; se añaden tres yemas de huevo, se trabaja bien y se deja reposar un rato. Cuando se han de hacer los buñuelos se baten las tres claras a punto de nieve y se incorporan a la pasta.

Después se toma una cucharada de pasta y se fríe en aceite muy caliente.

TORRIJAS.—Se cortan a rebanadas unos panecillos, se empapan bien en leche y se dejan reposar; después se rebozan en huevo batido y se fríen; al servirlas se espolvorean con azúcar y canela; también se ponen en una fuente al horno, echándoles, en lugar de azúcar, agua y miel de abejas por partes iguales.

CHANDRIOS.—Se baten dos huevos, y poco a poco se va incorporando 200 gramos de harina buena; se trabajan bien con 100 gramos de manteca de vaca, sal y una copa de ron. Cuando está bien fino se extiende sobre el tablero, y con el rodillo se adelgaza y corta con la rodadera a cuadraditos.

Se fríen con aceite muy caliente y se espolvorean con azúcar y canela.

OTRA FÓRMULA.—En una sartén se pone aceite con una corteza de pan; cuando está muy caliente se quita el pan y se deja enfriar, mezclándola con igual cantidad de vino moscatel y un poco de sal.

Con esto y harina de flor se hace una masa muy fina, extendiéndola con el rodillo, friendo y haciendo todo lo demás como en la fórmula anterior.

EMPANADAS.—Se pone por partes iguales agua, aceite que ya se habrá frito, manteca deshecha y un huevo por cada taza de líquido; se sazona de sal. Cuando está mezclado se va incorporando harina de flor y amasando bien hasta que quede en su punto. Se extiende sobre el tablero y se rellena con picadillo, poniéndolas al horno o friéndolas en aceite muy caliente; si las empanadas quieren rellenarse con pescado se prepara el líquido con tres partes de aceite y dos de agua, poniendo para esas cinco jícaras de líquido dos de zumo de naranja, una copa de vino blanco y tres yemas de huevo.

ENVUELTAS DE PECHUGAS.—Se pican pechugas de pollos asados, champiñons y trufas; se hace una pasta de hojaldre fino; se extiende bien con el rollo; se ponen en forma de pastelillos rellenos de picadillo, y se fríen en manteca muy caliente.

MANZANAS FRITAS.—Después de peladas las manzanas, se cortan a rodajas, aprovechando el redondo, sin el corazón, y se ponen con azúcar y coñac unas diez horas.

Con azúcar, canela, harina y un poquito de cerveza se hace una pasta bastante espesa, se envuelven bien las rodajas en esta pasta y se fríen en manteca de vaca muy caliente, echándoles también por encima para que levanten.

AVES Y CAZA

POLLO CON TOMATE.—En una cacerola con manteca de cerdo muy caliente, se echa el pollo a trozos, y sazonado con sal se tapa bien, dejándole cocer en su jugo.

Cuando empieza a tomar color, se echa bastante tomate rallado, y a fuego lento téngase hasta que se reduzca la salsa.

POLLO EN SALSA.—En manteca muy caliente y sazonado de sal, se pone el pollo a trozos, con ajo, perejil, laurel, tomillo, cebolla y nuez moscada; se da vueltas hasta que tome color y se le agrega caldo y jerez.

Después de cocido, se pasa la salsa por un tamiz, y si se quiere se espesa con yema de huevo desleída en caldo.

POLLO A LA MARINERA.—Se rehoga con aceite y manteca un pollo partido en pedazos; cuando está dorado se echa por encima una salsa compuesta de zanahorias, cebollas picadas, vino tinto, hierbas aromáticas y pimienta en grano; se deja menguar de prisa esta salsa, hasta que quede en la mitad; se añaden cebolletas cocidas y termina la cocción a fuego lento; sírvase con anchoas y picatostes.

POLLO FRITO.—Limpio y partido el pollo, se sazona de sal y ajo; se frota después con un paño y se refríe en aceite; se agrega jugo de limón, perejil, cebolla, zanahoria, pimienta inglesa y un cacillo de caldo.

Se deja hervir a fuego lento hasta que disminuya totalmente la salsa; se reboza en pan rallado, huevo, pan y se fríe.

POLLO CON OSTRAS.—Sazonado con sal y zumo de limón, se pone con manteca a fuego lento.

Cuando va ablandándose, se añaden dos docenas de ostras, yemas de huevo cocido machacadas en el mortero, y una cucharada de harina desleída con una copa de leche. Cuézase todo con hierbas finas, pásese la salsa, y se sirve rodeado de las ostras.

POLLOS ASADOS.—Limpios y preparados los pollos, se frotan con zumo de limón, y se pone sal, ajo, laurel, especias y una copa de vino blanco. Se les da vuelta a menudo hasta que estén tiernos, y se sirven con una guarnición de ensalada.

POLLOS ASADOS AL HORNO.—Se limpia el pollo; se le vuelven las alas, recogen las patas, y bien preparado y golpeado, se espolvorea de sal fina y se riega con jugo de limón; se embadurna de manteca y con una magra de jamón en cada lado de la pechuga se pone en una cazuela y se mete al horno.

POLLO CON ARROZ.—Se ata y albarda un pollo, se pone en una cacerola, se cubre con caldo sin desengrasar, se añade un poco de perejil y se deja cocer una hora.

Se pasa el caldo, se desengrasa y cuando está hirviendo se echa el arroz bien lavado, dejándolo cocer a fuego lento durante media hora.

Debe permanecer consistente; por último se le echa un poco de manteca, y se sirve.

POLLO CON ZANAHORIAS.—Puede hacerse lo mismo que la ternera con zanahorias.

POLLOS SALTEADOS A LA MASCOTA.—Se saltean los pollos en dos o cuatro trozos (según sean de grandes) con aceite fino y manteca de vaca, unos cuadraditos de jamón, cebolla, sal, pimienta y hierbas aromáticas. Cuando empiezan a tomar color se rocían con jerez o vino blanco; cuando está reducido todo esto se mezcla con el jugo un poco de salsa de tomate, se tapa la cacerola y se mete al horno un cuarto de hora; se guarnece la fuente con fondos de alcachofa cocidos y salteados separadamente.

POLLOS CON GUISANTES.—Se fríe cebolla, jamón y los guisantes, que estarán cocidos de antemano.

Aparte se preparan pollos tiernos bien dorados con manteca de cerdo; se une todo; se tapa bien con un papel de estraza para que el vapor no ponga aguados los pollos, y a fuego suave se termina de hacer.

POLLO A LA MANCHEGA.—Limpio, adobado y cortado en trozos el pollo, se fríe en manteca y aceite; se rehoga con cebolla, perejil, aceitunas y zanahorias; después de un ratito se agregan ajos, repollo, nabos, un poco de vinagre, especias y el caldo necesario.

Se deja cocer a fuego lento.

POLLO A LA CATALANA.—Preparado y sazonado de sal, se pone con ajo, perejil, cebolla, pimientos y tomates; se añade una jícara de aceite, otra de vino blanco, especias, nuez moscada y mantequilla; se pone un papel de estraza debajo de la tapadera y se le hace hervir hasta que esté a punto.

POLLITOS TIERNOS.—Se parten por la mitad, se sazonan con sal y zumo de limón, y póngaseles mantequilla por los dos lados, asándolos a la parrilla; a medio asar se envuelven en pan molido, poniendo mantequilla nuevamente y dejándolos en la misma parrilla hasta que el pan esté bien tostado; se sirven con ensalada y se procura que los pollos sean muy jóvenes.

PECHUGAS DE POLLO.—Después de asados los pollos, se separan las pechugas, cortando cada una en dos pedazos y se rebozan en pan rallado, huevo batido y pan, friéndolas en aceite fino muy caliente.

GALLINA GUISADA.—Limpia y cortada en trozos, se pone con bastante tocino cortado en lonjas muy finas, aceite, cebolla, sal, tomillo, laurel, pimienta, ajo, un poco de vino, otro poco de coñac, cubriendo con todo la gallina; tápese muy bien, dejándola cocer a fuego muy lento unas tres horas; antes de servirla se pasa la salsa y se le agrega un poco de tomate.

GALLINA EN PEPITORIA.—Limpia y preparada en trozos, se pone con manteca, cebolla, ajo, perejil, todo bien frito, en la sartén; se pone en una cazuela. Se machacan almendras, que se deslíen con caldo y se pone con todo esto vino blanco y el caldo necesario para cocer más de tres horas. Cuando está hecha se pasa la salsa, y al tiempo de servirla se espesa con yema de huevo.

SEGUNDA FÓRMULA.—Después de preparada y cortada, se escalda unos minutos con agua hirviendo; se escurre y pone en una cacerola con manteca, perejil y cebolla; rehóguese y se añade harina y el caldo necesario; se sazona con sal y pimienta; se hace cocer, se separa la gallina, se vierte sobre ella la salsa, que se espesa con yema de huevo, y se sirve con zumo de limón. Si se tiene que tardar un rato al servirla, se conserva muy caliente al baño maría, para que no se corte la salsa.

GALLINA RELLENA.—Después de limpia se la quita la piel con mucho cuidado para que salga entera. Se deshuesa y la carne se pica muy menuda, mezclada con lomo de ternera y jamón. Se echa el picadillo en una vasija, poniéndole sal, pimienta molida, nuez moscada y una copa de jerez; se remueve y se deja reposar un par de horas; después se extiende la piel; se rellena con el picadillo y se cose, cuidando de que no pierda la forma; se envuelve en un paño limpio, se ata y se pone a cocer dos horas, echando al agua huesos y desperdicios de la gallina, cebolla, puerros, zanahorias, tomillo y perejil.

Después de cocida, se prensa, y para servirla se parte a ruedas.

CAPÓN.—El capón puede hacerse por la receta de pollos asados, y mejor aún como los pollos asados al horno.

PATO.—Después de limpio y preparado, se rellena con un picadillo de carne, tocino, ajo, perejil, pimienta y piñones; se unta bien con manteca de cerdo y se mete al horno.

GALLINA AL HORNO.—Preparada la gallina y arreglada con su correspondiente sal y pimienta, se mete en el horno, cubriendo la pechuga con un papel blanco, untado de manteca de cerdo. Puesta en la tartera se le rocía a menudo con una cucharada de su misma grasa. Cuando está casi hecha se le agrega un poco de caldo. Una vez asada, córtense en pedazos, echándoles un poco de su mismo jugo, muy bien desengrasado.

PECHUGAS DE GALLINA.—Abiertas y sin piel las pechugas, se pone en medio de cada una una rueda de jamón, se sujeta la pechuga con un hilo y se ponen en una cacerola con manteca de vaca, vino rancio y el zumo de una naranja, sal, canela y caldo de cocido.

Se colocan las pechugas en una fuente después de cocidas, se pasa la salsa y se vierte por encima, guarneciendo la fuente con picatostes.

PECHUGAS DE CAPÓN CON TRUFAS.—Con unas tiritas de trufas se mechan las pechugas, se sazonan de sal y se ponen con manteca y jerez; se les sirve con salsa de trufas y se adorna la fuente con mariscos, aceitunas y menudillos de ave bien fritos.

CAPÓN MECHADO.—Se mecha un capón después de limpio, con pedacitos de tocino y uno o dos dientes de ajo; póngase en una cazuela a rehogar; después de rehogado échese caldo, y cuando esté a punto se saca el capón, se cuela la salsa y se vuelve a poner el capón. Póngase a enfriar en una fuente, bañado con salsa que tenga manteca y harina; se le cubre con pan rallado; se pone en el horno o en la parrilla hasta que forme costra, y se sirve con salsa un poco picante.

GALLINA DORADA.—Después de cocida la gallina, se envuelve en lonjas de tocino, se atan y se pone al asador a fuego lento; después se quitan las lonjas y sola la gallina se deja un ratito a dorar; cuando tiene color se unta con yema de huevo batido, y con la yema que sobre y el jugo que haya soltado la gallina se hace una salsa para servirla a la vez.

GALLINA EN PEBRE.—Después de limpia se pone en la parrilla, untándola muy a menudo con manteca derretida, sal, ajos machacados y zumo de limón; cuando esté a medio asar se pone en una cazuela con manteca, perejil, pimienta, sal, laurel, y el jugo que sobre del asado, una jícara de aceite y el caldo necesario para cocer hasta que esté blanda. Puede espesarse con yema de huevo, como en la pepitoria, o servirla con la salsa pasada.

GANSO A LA INGLESA.—Se asa el ganso envuelto en tocino; se trincha, quitando primero los muslos y luego el estómago en tres partes, se coloca en una fuente con los dos muslos encima, se cubre con substancia de carne, y se sirve, rodándolo con un buen jugo y cubierto de picatostes.

GANSO VERDE ASADO.—Se limpia y arregla un ganso pequeño. Se le introduce en el cuerpo sal y manteca fresca. Se asa a fuego vivo durante una hora. Se sirve con su jugo, y aparte una salsa de tomate.

GANSO GUISADO.—Se limpia y corta en pedazos, poniéndolo a freír con manteca, tomates, perejil, jamón, tocino, sal, cebolla, ajo y zanahoria.

Se deja rehogar, y cuando se dora se le echa jerez y caldo de cocido. Al tiempo de servirlo se pasa la salsa.

PAVO CON ACEITUNAS.—Después de bien preparado y arreglado el pavo, se le da unas vueltas en una cacerola con pedazos de tocino, para rehogarlo; se añaden luego doscientos gramos de aceitunas, a las cuales se habrá quitado el hueso, y se dejan sin rabo. Se sirve el pavo rodeado de aceitunas.

PAVOS ASADOS y RELLENOS A LA CATALANA.—Se limpian los pavos, se les quita el hueso que tienen en la pechuga, se espolvorean de sal y pimienta blanca en polvo y se rellenan con lo siguiente:

Se cuecen castañas, orejones y ciruelas; se refríen salchichas, jamón, piñones, y las cosas cocidas con manteca de cerdo; se echa también cebolla, y todo esto se rocía con vino blanco, especias, canela molida, nuez moscada y pimienta blanca. Cuando todo está rehogado se rellenan los pavos, se atan y se ponen en una tartera con manteca de cerdo, sal, hierbas aromáticas y legumbres; cuando están a medio hacer se rocía con vino blanco y caldo.

Al servirlos se guarnece la fuente.

PAVO ASADO AL HORNO.—Preparado el pavo como para asar, se saca el buche y se le rellena el hueco del mismo con picadillo de ternera, tocino, jamón, lomo, huevos duros, piñones, ciruelas y aceitunas deshuesadas, pasas, sal, especias y nuez moscada; se ata por el cuello para que no se salga el picadillo, se echa sal, se frota con zumo de limón y manteca, y se pone al horno.

PAVO TRUFADO.—Se procura, después de limpio el pavo, quitarle la piel entera; las pechugas se cortan a tiras después de haberlas separado enteras, y también se corta a tiras después jamón y lomo.

Con el resto de la carne del pavo, lomo y jamón, se hace un picadillo y se pone en una vasija con la sal necesaria, pimienta molida, nuez moscada, dos cucharadas de jerez o vino blanco, se remueve todo, dejándolo reposar un par de horas, para que tome bien el adobo; después se agregan trufas cortadas, que se introducen bien mientras se va colocando en la piel del pavo, primero la mitad del picadillo, luego las tiras de pechuga y jamón y lomo, y encima la otra mitad del picadillo.

Se envuelve y cose la piel, procurando darle la forma del pavo; se envuelve en un paño limpio, se ata o cose y se pone a cocer con agua y vino blanco por partes iguales, tomillo y hierbabuena, hirviendo más de una hora; se saca y deja en prensa hasta el día siguiente, que se corta en lonjas finas, y se sirve.

Lo mismo se trufa la gallina y también las malvices, codornices y toda clase de pájaros.

PICHONES CON ACEITUNAS.—Después de limpios y colocados los pichones con aceite, vino blanco, caldo, cebolla y perejil, se tapan y dejan hervir; cuando están a punto se pasa la salsa y se le agregan aceitunas deshuesadas.

MENUDILLOS DE PAVO A LA PAISANA.—Por menudillos de ave se entiende cuellos, patas, alas, hígados y corazones. Cuando se ponen menudillos como plato del día, se agrega algún resto carnoso de aves. Los menudillos de un pavo cortados a pedacitos regulares se rehogan con un kilo de una mezcla por partes iguales de nabos, zanahorias, patatas y legumbres; se echa hierbas aromáticas, sal, harina, pimienta y puré de tomate.

Después de rehogados se separa la grasa, se espolvorean con harina, sal, pimienta y puré de tomate; se cuece con la cacerola tapada. La guarnición de las legumbres de que hemos hecho mención, agregando guisantes. En una cacerola limpia se pone trozo por trozo de menudillos, y se echa la guarnición por encima; se desengrasa la cocción y se pasa por un colador fino; suelen necesitar dos horas para cocerse.

PICHONES ESTOFADOS CAROLINA.—Después de limpios, se coloca en una cacerola todo en crudo, tocino, cebollas, zanahorias, nabos, tomillo, laurel, apio, estragón, tomate, todo muy picado, vino blanco, coñac, caldo, manteca, sal y unos granos de pimienta; encima los pichones, y se cubre la cacerola con un papel y se deja cociendo hasta que están tiernos.

Con agua y sal se cuecen espinacas, se saltean con manteca y perejil, se traba con un huevo crudo. Se cortan costrones de pan en forma de media luna, se fríen a bonito color. Se cubre la superficie de cada costrón con las espinacas que hemos preparado anteriormente, espolvoreando de queso o miga de pan rallado y se gratinan un poco en el horno.

Al momento de servirlos se corta cada pichón por la mitad y se ponen en medio de la fuente, colocando la guarnición y jugo alrededor, y bordeando la fuente se colocan los costrones con espinacas.

PICHONES CON CHAMPIÑONS.—Se preparan lo mismo que los pichones con aceitunas, poniendo, en vez de aceitunas, champiñons cocidos con caldo.

PICHONES EN SALSA.—Después de preparados los pichones, se dividen por la mitad, dorándolos en manteca de vaca caliente, friendo luego en la misma manteca, cebolla, rehogando un poquito de harina; júntese todo con los pichones, agregándoles una jícara de caldo y otra de vino blanco; se les deja cocer suavemente hasta que estén en su punto.

PICHONES ASADOS.—Después de limpios y sazonados, se doran en una sartén con manteca de cerdo o de vaca; en la misma se fríe una cebolla entera y una rama de perejil, se echa un cacillo de caldo, se hace cocer a fuego lento hasta que disminuye el caldo, se quita la cebolla y el perejil, y se sirve.

PICHONES AL JEREZ.—Después de limpios, preparados y dorados como en la forma anterior, se echa cebolla y perejil, el caldo y un vasito de jerez, se machacan unas almendras y se deslíen con un poco de caldo, y se hacen a fuego lento hasta reducirse.

FAISÁN.—Se limpia y prepara el faisán como todas las aves; se sazonan con sal y se fríen en manteca unas criadillas, se pican después de fritas y se agregan castañas asadas; con ese picadillo se rellena el faisán y se le cubre con lonjas de tocino y ternera.

En una cacerola se ponen otras lonjas de tocino y ternera, se coloca allí el faisán, se agrega vino de Málaga y cuece a fuego lento; la salsa se espesa con castañas asadas y machacadas, adornando la fuente con rebanadas de criadilla.

OTRA FÓRMULA.—Se limpia y prepara el faisán rellenándolo con un picadillo de su mismo hígado, tocino, perejil, cebolla, sal y especias; se cose y envuelve en lonjas de tocino, poniéndolo a asar. Puede servirse con una salsa cualquiera.

CODORNICES.—Después de limpias se ponen con manteca de cerdo, y cuando principian a tomar color se añade caldo de cocido, vino blanco, sal, pimienta entera y hierbas finas; para servirlas se quitan todas las hierbas y se espesa la salsa con harina tostada.

CODORNICES CON HOJA DE PARRA.—Después de preparadas y limpias, se les mete dentro un poco de tocino, una lonja de jamón y una ramita de perejil; se embadurnan bien con manteca, se envuelven en una hoja de parra, se atan y meten al horno; cuando están asadas se suelta el hilo, y se sirven cada una en su hoja.

CODORNICES EN TOMATE.—Se limpian y mete el jamón como en la anterior receta, se fríen en manteca de cerdo, se sacan y en la misma manteca se echa un diente de ajo y tomate rallado sazonado de sal.

Cuando está hecho se tira el ajo, se ponen las codornices con el tomate, se rehogan, y se sirven.

CODORNICES EN SALSA.—Después de limpias, se pone sobre las pechugas lonjas de tocino, se atan y en manteca y aceite se doran; se ponen en una cacerola echando sobre ellas el aceite. En el mortero se machacan almendras, un diente de ajo y perejil, se deslíe con una jícara de caldo y se vierte sobre las codornices junto con una copa de vino blanco; se dejan cocer unos minutos, y se sirven.

PERDICES ASADAS.—Limpia y preparada la perdiz, se frota con zumo de limón y se rellena con un picadillo de setas cocidas, los hígados de la perdiz, jamón, tocino y perejil; se espolvorea un poco de sal, se embadurna de manteca, y se mete al horno.

PERDICES RELLENAS.—Se hace un picadillo con el hígado de las perdices, tocino raspado, sal, perejil y cebollas; este relleno se mete en el cuerpo de la perdiz y se cuece; en seguida se vuelven las patas sobre el pecho, se rehoga en la cacerola con manteca, y después se pone a asar. Se sirve con jugo claro o zumo de limón o naranja.

PERDICES A LA AMERICANA.—Preparadas las perdices se rellenan con manteca de vaca, un poco de sal molida y tres o cuatro granos enteros de pimienta. Después de bien fritas en aceite, se adiciona agua con sal, hasta que el líquido cubra las perdices, y se dejan éstas cociendo hasta que se consuma el agua. Doradas después en la grasa que resulta, se agrega una salsa confeccionada con medio cuartillo de leche, dos yemas de huevo y dos onzas de chocolate bien rallado, y el plato se sirve caliente.

PERDICES ESTOFADAS.—Ya limpias se ponen en una olla con tocino, cebolla, ajos, vinagre, perejil, sal, pimienta, tomillo y laurel.

Tápese la olla con un poco de papel de estraza y sobre él una cazuela de barro llena de agua, y que continúe la cocción hasta que queden tiernas.

FÓRMULA SEGUNDA.—Se quitan las plumas y se limpian una o dos perdices, que se rehogan en la sartén, se ponen en una olla, añadiendo tocino frito cortado en pedacitos cuadrados, cebolla picada gruesa en abundancia, ajos machacados, especias de todas clases, manteca y vino blanco seco.

Así se ponen a cocer al fuego lento, y encima de la olla una cazuelita de barro con agua sobre un papel de estraza; una vez bien cocidas, se sirven.

FÓRMULA TERCERA.—Después de limpias las perdices se ponen en una olla y se echa dos jícaras de aceite, una de vino blanco, una cucharada de vinagre, cuatro jícaras de agua, una cabeza de ajo, una cebolla a ruedas, dos granos de clavillo y cuatro de pimienta, una hoja de laurel, una ramita de perejil y sal. Se pone un papel de estraza debajo de la cazuela con agua.

Cuando están cocidas se sacan las dos perdices a una cacerola, se pasa la salsa y se espesa con chocolate y corteza de pan tostado y molido; la perdiz así es sabrosísima.

PERDICES ESCABECHADAS.—Después de desplumadas y limpias de tripas las perdices, se frotan bien por dentro con un paño (sin mojarlas) y se ponen a asar en una parrilla, hasta que echen bien la sangre.

Cuando están asadas se ponen en una olla y se les echa para cada par de perdices dos jícaras de aceite, dos de vinagre, un vaso de agua, seis dientes de ajo, seis granos de clavillo, diez de pimienta, tres hojas de laurel y la sal necesaria.

Se ponen a cocer con todo esto, y cuando están tiernas, pero que no se deshagan, se sacan, y una vez frías se colocan en la vasija donde hayan de conservarse sin nada de caldo, y se pone por cada doce perdices una pinta de vinagre bueno de vino y todo el aceite que necesiten hasta estar bien cubiertas.

Codornices, malvices y conejos se escabechan igual que las perdices.

MALVICES.—Las malvices pueden hacerse por todas las fórmulas escritas para las codornices.

CHOCHAS EN SALSA.—Desplumadas y limpias las chochas, se frotan con un paño sin lavarlas y se sazonan con sal; en una tartera se pone cebolla cortada a ruedas, una jícara de aceite, otra de vino blanco, manteca y pimienta molida; se tapan bien y se cuecen despacio; cuando están a medio cocer se agrega el hígado y las tripas, y cuando está cocido se pasa la salsa, se machaca bien en el mortero la cebolla, los hígados y tripas, y con eso se espesa la salsa, y se sirven.

CHOCHAS GUISADAS.—Se limpian bien y se les saca las tripas y los hígados. Se sazonan con sal y se fríen en manteca caliente de vaca; en la misma manteca se fríe cebolla muy menuda y se echa a las aves una jícara de vino blanco y otra de caldo; se machacan en el mortero (después de fritos) los hígados y tripas, se les agrega un poco de chocolate, se deslíe con caldo, se une a lo demás y a fuego lento se tiene cociendo unas dos horas, hasta que están en su punto.

CHOCHAS AL HORNO.—Desplumadas y limpias sin abrirlas ni quitarles las cabezas, se las envuelve en tocino fresco; después de sazonadas con sal se atan con un hilo, y en una tartera se meten al horno.

Cuando el tocino está muy dorado se tuesta por los dos lados una rebanada grande de pan y se pone en la fuente; se coloca encima la chocha sin el hilo; se vierte el jugo por encima, y se sirve.

BECACINA.—La becacina puede cocinarse lo mismo que la chocha en cualquiera de sus fórmulas.

GAZAPOS EN PAPILLOTES.—Córtese dos conejos medianos en pedazos; se sazonan con sal, pimienta, perejil y ajos, todo bien picado; se pone encima pedacitos de manteca de vaca, se envuelven en papel, se ponen sobre la parrilla a fuego lento, y se sirven sin quitar los papeles.

CONEJO ADOBADO (CASERO).—Limpio y cortado en trozos un conejo, se pone a macerar dos horas con vino blanco, hojas de laurel, ajo y sal. Después se ponen los trozos de conejo en una olla con aceite, cebolla, tomate, una cabeza de ajo, canela, sal, unos granos de pimienta y clavo. Se tapa bien la olla y se pone a cocer a fuego muy lento hasta que esté tierno.

PASTEL DE LIEBRE (SUPERIOR).—Deshuesada con cuidado la liebre, se rellena con un picadillo de lomo de cerdo, pechuga de gallina, jamón, tocino y los higadillos de la liebre, cebolla, perejil, sal, especias y pedacitos de trufas; se cose, procurando darle buena forma.

Se envuelve la liebre en ronchas de tocino y se pone en una cacerola con manteca de cerdo. Se tapa bien y se pone al horno fuerte durante una hora; se saca y agrega medio litro de vino blanco, otro medio de caldo, cebolla, perejil, zanahorias, laurel, tomillo, pimienta y clavo entero, una cabeza de ajos y sal. Se cuece hasta reducirse la salsa; se saca y se coloca en una fuente plana; se le rocía con la salsa pasada y se mete al horno.

Se sirve adornando la fuente.

LIEBRE A LA CASERA.—Después de quitada la piel y vaciada guardando aparte la sangre, se adoba con ajo y sal dos horas; luego se frota cada trozo con un paño limpio y se fríen; se agrega perejil, cebolla, un poco de pimienta inglesa, un poco de laurel y el caldo necesario. Cuando está hecha se pasa la salsa, se espesa con yema de huevo y se echa zumo de limón.

CORZO.—Después de limpio se asa y se pone en una olla con vino blanco, pimentón, pimienta, laurel y tomillo; cuando ha hervido bastante se agrega caldo y deja cocer hasta que esté en su punto.

PIERNA DE CORZO AL HORNO.—Se tiene unas horas en vino blanco, sal y ajo; luego se unta con manteca de cerdo y se pone al horno. Se sirve con jugo y ensalada.

CABRITO ASADO.—Se asa lo mismo que la pierna de corzo, suprimiendo las horas de adobo y si es guisado se ponen en una cacerola unas lonjitas de tocino, otras de ternera y pedazos de jamón; se agrega pimienta, cebolla, perejil, zanahorias, ajo, caldo y vino blanco; se pone a fuego lento y se coloca un papel de estraza debajo de la tapadera. Se pasa la salsa y se espesa con harina tostada; lo mismo sirve este aderezo para liebre, conejo y otras carnes.

BECADAS.—Desplumada y limpia la becada se sacan las tripas, que se guardan aparte, tirando una especie de bolsa dura que forma el papo.

Se pone un trozo de cebolla, tres granos de ajo, media jícara de vino jerez, otra media de vinagre y una de aceite; todo en crudo, juntamente con la becada.

Cuando está cocida se saca a una cacerola y se pone la salsa pasada.

Se muelen las tripas y se las hace hervir con la salsa hasta que resulte una especie de natilla fina, y después se agrega un cazo de caldo de cocido, y se sirve todo ello con la becada.

OTRA FÓRMULA.—Desplumada y limpia se pone a asar después de sazonada, envuelta en lonjas de tocino; una vez asada se deja enfriar; se le saca el vientre; se pica con jamón, se echa una copa de jerez, se pone al fuego un rato; aparte se fríen bien unas rebanadas de pan, se colocan en la fuente, encima se pone la becada ya hecha, se le vierte la salsa por encima, pasada por un colador y se sirve.

BECADA ASADA A LA ESPAÑOLA.—Con los intestinos que se sacan por el lomo, se hace una pasta, añadiendo tocino, sal, cebolla y pimienta; con esta pasta o picadillo se rellena la becada; se pone en el asador de la manera que todas las aves, y se sirve acompañada de una salsa de almendra y pan tostado y molido.

CONEJO DE MONTE.—Este conejo es mucho más sabroso que el casero.

Se corta en trozos y se tiene un buen rato en adobo de sal y ajo; después se frota bien con un paño y se dora en manteca de cerdo o de vaca, y en la misma se fríe, picada, cebolla, se añade caldo y se deja cocer bastante, hasta que esté en su punto.

PASTEL DE CONEJO.—Se deshuesan y pican muy menudo las patas y lomo del conejo, agregando ternera y jamón; se pone en el fondo de un molde unas lonjas de tocino crudo; encima picadillo; encima trocitos del resto del conejo, picadillo, lonjas de tocino; se pone en el horno hasta que se conozca que está; se escurre el jugo y se deja enfriar.

Los huesos y desperdicios del conejo se cuecen aparte sazonados de sal y se hace un jugo espeso que se cuela y se vierte sobre el molde, de manera que forme una jalea, y al tiempo de servirlo se saca como un flan.

BOCADILLOS DE AVE.—Se pican pechugas de ave y jamón fresco; se echa sal, pimienta y cebolla.

En una cacerola se rehoga este picadillo con un poco de manteca; se divide en tantas partes como bocadillos se quieran hacer; se va colocando cada ración entre dos planchas de pasta hojaldrada; se sueldan apretando los bordes, se doran y ponen al horno. Cuando hayan terminado de cocer se levantan un poco las tapas, se echa dentro un poco de jugo, y se sirven los bocadillos antes que se enfríen.

ARROZ

ARROZ BLANCO.—Para una cucharada de manteca de vaca se pone un ajo y se fríe bien y se tira; en aquella manteca se echa una taza grande de arroz y se le da unas vueltas; se echa agua hirviendo y la sal necesaria.

Se ha de procurar que quede bien cocido y el grano entero.

Si se ha de presentar bien se pone al horno un rato en un molde; se saca a una fuente y se ponen alrededor huevos fritos.

ARROZ CON PICADILLO.—Se prepara para un arroz blanco, como en la fórmula anterior; aparte se fríe en manteca un picadillo de jamón, lomo, ternera y ajo; se echa pimiento encarnado, pimienta y nuez moscada (se tiene un rato en adobo el picadillo antes de freírlo); se coloca en medio de la fuente y el arroz alrededor formando guarnición.

ARROZ CON JAMÓN.—Se pone en una cacerola, por partes iguales, manteca y aceite, perejil, ajo, tomate y cebollas; se fríe un poco, y se agregan trocitos de jamón y después el arroz; se sazona de sal y se pone el caldo necesario. La medida para el arroz es generalmente una jícara por cada comensal y dos o tres de agua, según se desee, seco o caldoso.

ARROZ CON MENUDILLOS.—En aceite o manteca se fríe cebolla y los menudillos; se echa después el arroz y el caldo necesarios; puede agregarse unas tiritas de pimiento de lata.

ARROZ CON SALCHICHAS.—Se cortan salchichas por la mitad y se fríen en manteca muy caliente, sacándolas en seguida; en la misma manteca se rehoga cebolla hasta dorarla; se agrega el arroz, agua, sal, las salchichas intercaladas y se deja hervir hasta que está a punto.

ARROZ CON POLLO.—Puede mirarse la fórmula de pollo con arroz.

ARROZ A LA RIOJANA.—En una cacerola puesta al fuego con aceite se rehoga cebolla picada y un diente de ajo; después de frito se tira, y se rehoga el arroz.

Se agregan guisantes y alcachofas (que se habrán cocido antes), pimientos morrones, sal, nuez moscada y un poco de azafrán; se mete al horno y se espolvorean de perejil picado al tiempo de servirlo.

ARROZ CON LANGOSTA.—Se fríe con manteca tomate, cebolla y ajo; después el arroz; se le da unas vueltas y se agrega el agua necesaria; en seguida la langosta, que se tendrá cocida y preparada. Se unta un molde con manteca, se pone el arroz, se cubre con unas tiras de pimientos de lata y se mete al horno.

Cuando se va a servir se vuelve el molde sobre una fuente redonda y se adorna ésta.

ARROZ CON ALMEJAS.—Se lavan muy bien las almejas varias veces para que suelten la arena, dejándolas un rato en la última agua fría; después se ponen cerca del fuego en una cacerola bien tapada y sin agua, para que abran; después en la cazuela que se han de cocer se pone aceite fino y cebolla picada; se echa el arroz y las almejas con sus conchas o sin ellas, a gusto, y el agua correspondiente; se deja cocer, y se sirve.

PLATOS VARIADOS

MACARRONES CON TOMATE.—Cocidos con agua y sal los macarrones, se ponen a escurrir. Con manteca de vaca se hace una salsa con tomate y se pone en una besuguera una capa de salsa, otra de macarrones, otra de queso de bola o Parma rallado, y así sucesivamente, procurando que la última capa sea de tomate; métase al horno, y los macarrones, en cualquier forma que se hagan, deben servirse siempre en la misma fuente o cacerola.

MACARRONES CON LECHE.—Se cuecen con agua y sal y se dejan escurrir; después se pone para medio litro de leche hirviendo media libra de queso de Gruyere o Parma rallado y cien gramos de mantequilla.

Se acerca la cacerola al fuego, moviendo sin cesar los macarrones; pero sin romperlos, y cuando han absorbido la leche se sirven muy calientes.

CANALONES.—Por espacio de una hora se remojan en agua caliente los canalones; se tiene preparado un picadillo de jamón, pechugas de gallina y perejil; se pone al fuego manteca de vaca, se echa harina y una copa de leche, se mezcla bien, y cuando rompe a hervir se echa el picadillo; se sazona de sal y se cuece hasta que espese. Se rellenan los canalones uniendo los bordes para que forme una especie de cilindro.

Se mete la cacerola al horno; se espolvorea con queso de bola y Parma rallado y se cubren con una salsa bechamelle de carne o de tomate.

PUDDING DE COCIDO.—Después de escurrir el caldo del cocido, se quita la piel de los garbanzos y se machacan bien; se repica la carne, gallina, chorizo, jamón, tocino, patata y todo lo que tenga el cocido.

Se pone una sartén al fuego con manteca de cerdo, cebolla y tomates bien picados, se rehoga todo lo machacado y en un molde liso untado con manteca se pone todo y se mete al horno hasta que se dore.

Se deja reposar, se vuelve en una fuente redonda, y se sirve con salsa mayonesa.

PASTEL DE TERNERA Y PATATA.—Con agua y sal se cuecen medio kilo de patatas, se pelan y machacan en el mortero; se les agrega tres yemas de huevo y cien gramos de mantequilla.

Con manteca de cerdo se fríe un picadillo de ternera, jamón y trufas. Se unta con manteca un molde liso y se cubre el molde y las paredes de patata; después se va colocando por capas el picadillo y la patata, procurando sea de ésta la última capa; una vez lleno el molde, se mete al horno.

Cuando está dorado se saca y sirve, cubierto de salsa bechamelle o tomate.

MIGAS.—Se parte muy menudo medio kilo de pan que tenga mucha miga.

Se pone en una fuente honda con agua y sal, nada más que rociado, para que el pan se ponga húmedo; se revuelve mucho con una cuchara para que tome por igual la sal y el agua y se dejan reposar hasta el día siguiente.

Poco antes de comerlas se pone en una sartén con aceite, media docena de dientes de ajo chafados y cuando se han frito los ajos se tiran y se echa pimiento molido y las migas; se las da vueltas sin cesar hasta que queden jugosas, pero bastante secas.

En vez de pimiento molido es mucho mejor darles color con trocitos de jamón y longaniza.

MIGAS DE CARLOS IV.—En una *Revista* leemos cómo preparaba Godoy las migas a lo Carlos IV.

De una hogaza de pan candeal se cortan migas del tamaño de garbanzos, se humedecen con leche, se les pone sal y se envuelven en un paño.

En una sartén con aceite fino se fríen unos dientes de ajo, que se tiran después de fritos, se añade unos cuadraditos de tocino y rodajas de chorizo extremeño, y cuando está todo refrito y después de haber reposado las migas, se echan a la sartén, salteándolas, sin dejar de removerlas, hasta que estén sueltas, pero no secas; el fuego ha de ser lento.

Al tiempo de servirlas se echa por encima uvas de Chelva, de Almería o de cualquier otra clase; se han de servir muy calientes.

CRIADILLAS GUISADAS.—Después de bien mondadas y cortadas en lonjas, se ponen las criadillas en una cazuela con manteca, cebolla, perejil, clavo de especia y una cucharada de harina, agregando una jícara de vino blanco; después de estar una media hora cociendo se agrega otra jícara de caldo, se les da unas vueltas, y se sirven.

CRIADILLAS REBOZADAS.—Se les quita las películas que las cubren, procurando separar primero una y después otra; córtense por la mitad a lo largo, si son pequeñitas, y en tres trozos si son crecidas, se lavan bien y se aderezan con sal y zumo de limón; déjense un rato; rebócense como las croquetas, y se fríen en aceite muy caliente.

FIAMBRES.—Se toman unas rebanaditas de pan, se untan de mantequilla por un solo lado y se ponen unos trocitos de jamón o lengua a la escarlata encima de la mantequilla y se cubre con otra; se les pone peso encima durante unas horas, y después se cortan a cuadraditos, sirviéndolos en una fuente cubierta con una servilleta; se ponen formando pirámide y se adorna la fuente con aceitunas y ruedas de salchichón.

SANDWICH.—Se encargan panecillos de Viena de tamaño muy reducido, se cortan a lo largo por la mitad, y por un solo lado se untan de mantequilla las dos mitades interiores, se mete dentro una loncha de jamón, se aprietan, y sirven de modo que parezca que está sin cortar.

EMPANADAS DE MEDIO HOJALDRE.—Se pone harina y mantequilla por partes iguales y uno o más huevos, sal y agua templada; se trabaja mucho, y cuando la masa está fina se extiende con el rollo; colóquese en una tartera propia para empanadas, póngase el relleno que se desee, cúbrase con pasta, cociéndola a buen horno.

MODO DE HACER EL HOJALDRE.—Se pone por partes iguales manteca y agua, y cuando está hirviendo se echa la harina de modo que se escalde; se hace una masa fina, se adelgaza con el rollo y se mete el relleno de la empanada, doblándolo y dándole forma con la ruedecita.

OTRO HOJALDRE.—Se deshace un cuarto de kilo de mantequilla, se pone en un cazo con sal y una copita de agua; poco a poco se va incorporando un cuarto de kilo de harina y tres yemas de huevo, sin dejar de mover todo con una cuchara de madera; cuando se va formando la masa se saca a un mármol y se adiciona algo más de la harina, trabajándola mucho, se deja reposar media hora, se extiende con el rollo, y se rellena como el anterior.

PARA EMPANADILLAS DE PAN.—Se toma un cuarto de kilo de mantequilla, un poco de levadura, agua, sal y medio kilo de harina buena; se trabaja mucho ésta, hasta que resulte una masa fina, que se envuelve en un paño, y se deja un par de horas a buena temperatura. Después se vuelve a trabajar, y se extiende con el rollo.

Se coloca la mitad en una tartera, se mete la carne, ave o lo que se desee, se cubre con la otra mitad, se unta bien con una pluma de huevo batido, y se mete al horno.

EMPANADAS CON LECHE.—Se pone a desleír una taza de manteca de vaca, y cuando está deshecha se echa otra taza de leche y sal.

Se bate mucho, agregando poco a poco la harina necesaria, y se trabaja hasta que esté fina la masa. Después se echa a un mármol, se extiende con el rollo y se hacen las empanadas como las demás.

EMPANADAS CON CALDO DE COCIDO—Se disuelve manteca de vaca; se echa caldo y harina y sal, como en las fórmulas anteriores; se trabaja mucho; se extiende con el rollo, poniendo muy delgadita la masa y rellena y hace lodo como en las anteriores.

PASTELES DE PATATA.—Cuézanse patatas enteras; se les quita la piel, se machacan o prensan y se les agrega mantequilla y huevo.

Bátase bien, sazónese de sal y se forman los pasteles rellenándolos con picadillo, que estará ya frito, se rebozan los pasteles en huevo batido y se fríen.

HÍGADO DE CARNERO.—Cortado en tajadas se fríen en manteca de cerdo; se saca, y en la grasa se fríe cebolla muy picada, se mezcla todo y se fríe. En la misma forma puede hacerse el de cordero, agregando, si se quiere, una salsa de tomate.

CALLOS A LA ESPAÑOLA.—Después de bien limpios con varias aguas calientes y frías, se frotan con limón o vinagre, se raspa el sebo y se dejan remojando un rato.

Después se ponen a hervir con agua fría, y cuando están a medio cocer se cambian de agua y se sazonan de sal, poniendo pata de vaca o de cerdo si se quiere aumentar.

Al día siguiente se cortan los callos a tiritas, y si hay patas se deshuesan.

En aceite bien caliente se fríe jamón, lomo y chorizo picante, y si no hay, se pone pimiento encarnado, cebolla picada y pan rallado; se mezcla con pasta de tomate, se deja freír un rato, agregando caldo, y se hace hervir un rato todo junto.

LENGUA.—Después de escaldada y quitada la piel, se pone en agua fría un rato para que suelte la sangre, cociéndola con agua y sal y cortándola luego en tajadas.

Se pone a freír cebolla, se echa una cucharada de harina, que se tuesta, y en seguida se agrega un vaso de vino blanco y una taza de caldo; se deja cocer, se pasa la salsa, se echan aceitunas deshuesadas y se deja cocer a fuego lento.

LENGUA A LA ESCARLATA (FÓRMULA SEGUNDA).—Bien quitadas las grasas a una lengua de ternera o de vaca, se frota con sal de nitro y se pone en una cazuela con sal, especias y hierbas finas; se cubre bien de sal, se tapa con un paño y se pone peso encima, dejándola dos días; entonces se vuelve lo de arriba abajo, se le añade más sal y se le pone el peso, dejándola cinco días más. Después se saca y pone a remojar cuatro horas; se lava bien y se cuece con agua abundante, vino blanco, hinojo, laurel, perejil, tomillo, cebolla y zanahoria; se cuece cuatro horas, se pela y se pone en un intestino bien limpio: se ata, se unta con sangre líquida o un poco carmín, y se pone a secar. Se escalda, se deja enfriar, y para darle brillo se le pasa una pluma manchada de aceite.

FLAN DE CALDO.—Se baten tres yemas de huevo, y poco a poco se echa una tacita de caldo; se unta un molde con mantequilla, se llena y se cuece al baño maría, metiéndolo por fin al horno; cuando se saca del molde, se corta a cuadraditos muy pequeños, y sirven para hacer sopa o para adornar platos.

MOLLEJAS DE TERNERA.—Se les da un hervor con sal y vinagre; se sacan a enfriar y se limpian.

Se ponen en una cacerola con miga de pan rallado, perejil, ajo, pimienta y manteca; cuando han hervido se agrega una copa de jerez, se les da otro hervor, y se sirven.

RIÑONES DE CARNERO (SALTEADOS).—Se lavan con agua muy caliente y se tienen después una hora en vino blanco; se lavan, se cortan en rajitas y se adoban con sal y zumo de limón. A fuego vivo se les da una vuelta en manteca; se agrega ajo, perejil, harina y una copita de jerez o vino blanco; se les da otra vuelta, y se sirven.

RIÑONES DE CERDO o TERNERA.—Se cortan a rajitas después de limpios, y se fríen agregando cebolla y sal; se les da unas vueltas, se echa un poco de mantequilla y vino blanco, y se sirven.

PASTELERÍA Y REPOSTERÍA

BIZCOCHOS PARA BRAZO DE GITANO.—Se baten las claras de tres huevos a punto de nieve, mezclando tres cucharadas de azúcar hasta dejarlo como merengue; se echan las tres yemas enteras y se vuelve a batir mucho; se mezclan tres cucharadas de harina sin batir, pero bien mezclada; se unta un molde con mantequilla, se echa la pasta y se mete al horno suave algo más de un cuarto de hora.

BIZCOCHO SENCILLO.—Se baten tres yemas con tres cucharadas de azúcar y zumo de limón rallado; se baten las claras a punto de nieve; se une a lo demás y se sigue batiendo; se ponen tres cucharadas de harina, haciendo muy bien la mezcla, se unta un molde de mantequilla, se vierte la pasta y se cuece a horno suave.

OTRA FÓRMULA.—Se baten tres huevos enteros con cien gramos de azúcar; se agregan tres cucharadas de harina y, como las anteriores, se prepara el molde y se mete al horno.

BIZCOCHO CON ALMÍBAR.—Se baten bien seis yemas de huevo; se mezclan cincuenta gramos de harina, y en un molde de forma redonda, que se habrá untado antes con mantequilla, se mete al horno; se hace aparte almíbar a buen punto, y se vierte sobre el bizcocho. Para toda clase de bizcocho ha de estar el horno suave y el molde untado de mantequilla.

BIZCOCHO DE MANTECA.—Se toman cien gramos de manteca de vaca, cien de harina, cien de azúcar y tres huevos; primero se bate la manteca muy bien, se mezcla el azúcar, y después las tres yemas muy batidas, y por último, las tres claras, que estarán también batidas a punto de nieve.

Se prepara un molde que tenga en el centro un tubo para que salga un hueco, se unta de mantequilla, se pone la pasta y cuece al horno.

BIZCOCHO DE CANELA.—Se hace un bizcocho de cualquiera de las fórmulas anteriores, empleando fécula de patata en vez de harina; después de bien cocido se cubre de canela fina y se da un baño de almíbar.

BIZCOCHO DE ÁNGEL.—Se toman bizcochos, se rellenan con un batido de yemas, azúcar y jerez; se colocan de dos en dos, se cubren de almíbar y espolvorean con canela.

BRAZO DE GITANO.—Hágase un bizcocho en la forma que se indica para este objeto, y póngase en una lata plana y ancha al horno, para que salga bien delgado, y cuando se dora se saca a enfriar.

Se tiene preparada una crema que se habrá hecho con yemas batidas, azúcar y harina (para cuatro yemas, por ejemplo, cuatro cucharadas de azúcar y dos de harina); se bate mucho todo, agregando un cuartillo de leche fría, que se habrá cocido con canela y corteza de limón; se pone al fuego sin dejar de moverlo siempre al mismo lado, con una cuchara de madera, y cuando está a punto se echa a una fuente y se deja enfriar.

Cuando la crema está fría se extiende el bizcocho, bien rociado antes con canela molida; se enrolla, para que forme el brazo de gitano; cúbrase con azúcar tamizado o báñese con almíbar.

BIZCOCHO DE ALMENDRA.—Por cada cien gramos de almendras mondadas y molidas, cien de azúcar fina, tres yemas, dos claras, un poco de canela molida y raspadura de limón. Se baten mucho las yemas con el azúcar, se mezclan las almendras, limón y canela, y, por último, las claras, batidas a la nieve.

Se engrasa el molde con mantequilla y se cuecen al baño maría.

BIZCOCHOS BORRACHOS.—Se baten tres yemas de huevo con cien gramos de azúcar fino, hasta ponerlas muy duras; se agregan una cucharada grande de harina, otra pequeña de almidón en polvo y raspaduras de limón; se baten las claras a la nieve y se incorporan; se tienen preparadas unas cajitas de papel, del tamaño que se deseen los bizcochos, se llenan de pasta y se meten al horno; cuando se han cocido se sacan del papel y se meten en un jarabe que se habrá preparado con almíbar a punto de caramelo y vino de Málaga o moscatel, en cantidades iguales el vino y el almíbar.

CAJAS DE BIZCOCHO.—Para una docena de huevos, una libra de azúcar; se bate mucho y se agrega media taza de harina; después de muy trabajado se llenan con esa pasta las cajitas de papel, que se tendrán preparadas, y se cuecen en horno suave; al sacarlos del horno se les da con una pluma de ave un baño blanco que se habrá hecho con una clara de huevo y cien gramos de azúcar, todo muy batido.

BIZCOCHO PARA BANQUETE.—Se baten doce claras a punto de nieve, y muy despacito se va incorporando unos ochocientos gramos de azúcar muy fino y cuatrocientos de harina buena; cuando esto está muy trabajado se mezclan las doce yemas, que se habrán batido aparte. Se unta un molde grande con mantequilla, y se cuece al horno.

BIZCOCHÓN.—Bátanse muy bien seis huevos enteros con media libra de azúcar, añadiendo seis cucharadas de harina; mézclese todo bien, úntese un molde con mantequilla, se echa en él la pasta y se mete al horno.

BIZCOCHO DE CHOCOLATE.—Deslíese cerca del fuego seis pastillas de chocolate con un poco de agua; agréguense cien gramos de azúcar; se bate hasta que quede bien mezclado, y cien gramos de mantequilla, sin dejar de batir; se incorporan tres yemas de huevo; se siguen batiendo, y se mezclan por fin las claras a punto de nieve, y, por último, ciento cincuenta gramos de harina tamizada, una cucharadita de bicarbonato y otra de crémor tártaro. Mézclese todo y se echa en el molde, procurando que sea de los que tienen un nido en el centro; cuézase a horno suave.

BIZCOCHO DE ESPUMA.—Se baten muy bien doce yemas de huevo con doscientos cincuenta gramos de azúcar; una vez batidos se agregan las doce claras a punto de merengue, se mezcla todo bien y se añaden ciento veinte gramos de harina y noventa de fécula de patata; si se quiere, se aromatiza con vainilla y se pone al horno poco más de un cuarto de hora.

BIZCOCHOS RELLENOS.—Bátanse dos huevos enteros y dos yemas más; agréguense dos onzas de azúcar y otras dos de almendra molida y algún bizcocho tostado al horno, y hecho miga; póngase a cocer a la lumbre, removiendo sin cesar; cuando esté muy espeso rellénense con ello los bizcochos uniéndolos luego de dos en dos; envuélvanse en huevo batido y fríanse en manteca caliente de vaca; después de fritos colóquense en una fuente y espolvoréense con canela.

También se les da un hervor en almíbar, en vez de fritos en manteca.

BIZCOCHO CON FRUTAS.—Pésense tres o cuatro huevos, y lo que ellos pesen tómese de azúcar, así como igual proporción de harina, de manteca o mantequilla, de modo que cada una de estas sustancias pese tanto como los huevos con cáscara y todo. Primeramente se baten los huevos; luego se les añade el azúcar, se baten otra vez y se les adiciona la harina; se bate otro rato, se agregan unas cuantas frutas confitadas, cortadas en pedacitos, naranja y limón; se introducen éstas bien y se incorpora la manteca, que estará desleída y templada; se baten nuevamente y se echa todo lo batido en una lata, como el "plumcake"; se cuece al horno; luego de cocido se baña con almíbar fuerte y batido, formando una capita de escarche; después de frío se corta en pedacitos alargados y todo por igual.

PASTEL MOKA.—A doscientos gramos de mantequilla deshecha, pero fría, se echan tres cucharadas de azúcar y se trabaja mucho la pasta con una cuchara de madera; se mezclan tres yemas y se vuelve a trabajar mucho, mezclando luego media jícara de café moka muy espeso; una vez bien trabajado todo, se coloca media libra de bizcochos, en la siguiente forma: una capa de bizcocho, otra de pasta, otra de bizcochos, etc., hasta llenar el molde; con la pasta que queda se reboza bien, poniendo encima cuatro torres, o como se quiera adornar, y después se salpica todo él con almendra tostada que se tendrá antes partida menudita; para esta cantidad bastan veinticinco gramos.

PUDDING.—Bátanse bien cien gramos de mantequilla; mézclese setenta de pasas de Corinto y unos trocitos de naranja confitada; añádanse tres yemas de huevo, bien batidas con cien gramos de azúcar; agréguense cien gramos de harina, trabajando bien todo; se incorporan las tres claras batidas a punto de nieve; se pone en un molde que se mete al horno; al sacarlo del molde puede bañarse con almíbar.

PUDDING DE ARROZ.—Después de hecho el arroz con leche, se deja enfriar y se añaden trocitos de frutas confitadas y yemas de huevo. Se prepara un molde untado de azúcar quemada y se mete al horno hasta que esté en su punto.

PUDDING DE FRUTAS.—Con dos peras grandes, tres melocotones y tres manzanas muy picadas, se pican veinticinco gramos de bizcocho, veinticinco de almendras, cuatro yemas, unos cien gramos de azúcar fino, una cucharada de pan molido y otra de canela molida; se mezcla todo bien, se agregan las cuatro claras batidas a punto de nieve; se pone en el molde y se mete al baño maría.

PUDDING DE PATATA.—Se cuece medio kilo de patatas enteras, se pelan y pasan por el prensa-puré; se agregan tres yemas de huevo, cien gramos de azúcar, se bate todo bien y se le va incorporando un cuarto de litro de leche.

Cuando está bien mezclado se echa todo a un molde untado de mantequilla y se cuece al baño maría.

PUDDING DE CHOCOLATE.—Se pone al fuego un cazo con cuatro pastillas de chocolate y 125 gramos de mantequilla; una vez deshecho se le van incorporando fuera del fuego cuatro yemas de huevo, cien gramos de harina y cien de azúcar; cuando está todo bien unido se mezclan las claras batidas a punto de nieve y un poco de vainilla; se pone en un molde untado de mantequilla, y se mete al horno.

PUDDING DE MANZANAS.—Se asan unas dos docenas de manzanas, se despojan de la piel y el corazón, y con una cuchara de palo se van deshaciendo y mezclando con el azúcar necesario; se deshacen también unos bizcochos y tres cucharadas de pan molido después de tostado, agregando cuatro huevos batidos; se pone todo en un cazo y a fuego muy lento y sin dejar de mover se va cociendo, poniéndole cincuenta gramos de mantequilla; se prepara en un molde con azúcar quemada, cociendo al baño maría y dorándolo al horno.

PUDDING DE CASTAÑAS.—Se cuecen con agua y sal medio kilo de castañas, se pelan y pasan por el prensa-puré, deshaciéndolas bien con un cuarto de litro de leche y diez gramos de azúcar; se hace un puré, se mezclan veinticinco gramos de mantequilla y seis yemas de huevo con alguna clara a punto de nieve, se echa vainilla o limón rallado y en un molde con mantequilla se mete al horno unos treinta minutos.

PUDDING AL RON.—Se cuece una cucharada de sémola en un cuarto de litro de leche, se separa del fuego y se agregan una docena de bizcochos tostados al horno, unas pasas de Corinto, una o más manzanas peladas y partidas a pedacitos; si hay melocotones se ponen también un par pelados y partidos como las manzanas. Se mezcla todo bien, se baten seis huevos y se introducen en la masa; se azucara, se revuelve bien todo, y se echa en un molde, que se tendrá preparado, con un forro de papel blanco untado de mantequilla. Se cuece al horno, y para saber si está, se introduce una aguja larga, para ver si sale seca.

Cuando está hecho, y antes de que se enfríe, se espolvorea con azúcar y canela, y al punto de servirlo se rocía de ron y se le prende fuego.

PUDDING PARA CUANDO SE TIENE UN TÉ.—Se lavan y secan cien gramos de pasas de Corinto y se mezclan con pedacitos de frutas confitadas; se baten 120 gramos de mantequilla con 250 de harina; cuando está trabajada se incorporan 120 gramos de azúcar, si parece mejor se pone primero el azúcar, se agregan tres huevos y bate muy bien la masa hasta que esté fina. En una jícara de leche se deslíe una cucharadita de bicarbonato y se agrega una cucharada de coñac, se une todo a la masa y se vuelve a batir un rato.

Se echa en un molde preparado con mantequilla y pan rallado, cuidando de poner poco más de la mitad, porque al cocerse aumenta mucho.

BIZCOCHO ALMENDRADO PARA TOMAR EL TÉ.—Este bizcocho seco almendrado es a propósito para servir con el té; pondremos cantidades para seis moldes, éstos son de forma acanalada o rizada, redondos, de embocadura muy ancha y el fondo estrecho; se untan con manteca de vaca y se cubren con una ligera capa de almendra muy bien picada. Luego en un perol, se ponen 650 gramos de azúcar y catorce yemas. Cerca del fuego se trabajan las yemas y el azúcar, hasta que esté muy esponjado el conjunto.

Entonces se mezclan poco a poco las claras batidas a punto de merengue y 150 gramos de almendra hecha polvo, 500 gramos de harina tamizada y 250 de manteca fundida con 300 gramos de frutas escarchadas, picadas a cuadraditos.

Se rellena una tercera parte de los moldes (si no se sobran), y se cuecen a horno flojo una hora.

BIZCOCHO DE CAPUCHINAS.—Se mezclan 125 gramos de manteca con 125 de azúcar, 250 de harina blanca, 80 de almendras dulces ralladas o molidas, 100 de pasas de Corinto limpias y cuatro huevos bien batidos, hasta que estén esponjados.

Se remueve todo con la espátula de madera; se pone a cocer en un molde alto y redondo previamente untado con manteca y espolvoreado de harina.

ROSQUILLAS DE ALMAGRO.—Por cada huevo medio cascarón de aceite, y para cada dos huevos el zumo de un limón regular. Puesto todo en una ensaladera, se incorpora una cantidad regular de harina, se trabaja primero con una cuchara, y después con la mano bien enharinada para que no se pegue en la misma. Ha de estar la pasta bastante blanda. Sobre el tablero se hace, resbalando la mano, como un macarrón, y de allí se van cortando pedazos y haciendo rosquillas del diámetro de una moneda de dos pesetas. Se fríen en aceite muy caliente, pero a fuego lento; estando doraditas se retiran, y calientes se espolvorean con azúcar tamizada.

ROSQUILLAS FRITAS.—Se baten seis huevos enteros, a los que se les ha incorporado cinco cuarterones de azúcar en polvo, una jícara de manteca derretida (de cerdo), otra de aceite, una copita de ron, las raspaduras de un limón, la harina necesaria para poder manejar la masa, sin que se peguen las manos; entonces se cortan las rosquillas, se fríen en aceite bien caliente, dando solo una vuelta, pues resultan mejor no estando demasiado tostadas.

Crecen mucho, así que pueden cortarse pequeñas. Si se quiere, puede sustituirse la copa de ron por anís, pero resultan más finas con el ron.

ROSQUILLITAS DE CONSEJO.—Para 100 gramos de manteca, 200 de azúcar, 600 de harina y cinco huevos.

Todo esto se bate bien, y después se va añadiendo la harina, después se hacen rosquillitas pequeñas y se ponen en una lata, se meten en el horno, y se cuecen bien.

ROSQUILLAS DE SAN ISIDRO.—En un cazo se baten dos docenas de huevos, con 100 gramos de azúcar; al quedar bien batidos se añade medio litro de aceite fino y 800 gramos de harina. Se echa sobre el mármol y se trabaja mucho la pasta, hasta que quede todo bien mezclado.

Entonces se marcan las rosquillas, que se irán colocando en placas, que de antemano estarán untadas de manteca, cociéndolas luego a horno que esté fuerte.

En un perol se hace un jarabe de 25 grados, que se trabajará con una espátula de madera hasta que empiece a empanizarse un poco. Se glasea rosquilla por rosquilla con dicho azúcar, colocándolas encima de una rejilla de alambre a escurrir; cuando están frías se despegan.

ROSQUILLAS DE YEMA.—Se bate bien una docena de yemas con una taza de aceite y media libra de azúcar, se va echando harina y trabajándola mucho, hasta que esté en su punto, y entonces se hacen las rosquillas y se meten al horno.

ROSQUILLAS ECONÓMICAS.—Con las claras de huevos, una copa de anís, dos de aceite, dos de azúcar y dos de harina, se hace una masa y se hacen rosquillas y se meten al horno.

MAGDALENAS.—Para una docena de claras, media de huevos, una libra de azúcar y algo más de media taza de aceite.

Se bate todo bien, se incorpora la harina necesaria y se pone en sus moldes, cociéndolas al horno.

POLVORONES.—Media libra de manteca de cerdo, media de azúcar y una de harina. Se trabaja todo bien, y se hacen unas tortitas cortadas con una taza, y se cuecen al horno.

MANTECADOS.—Para una libra de manteca de cerdo deshecha y no caliente, se echa una copa de ron o vino blanco, dos cucharadas de azúcar, se revuelve bien todo, y cuando está deshecho el azúcar se va mezclando harina, hasta que resulte una masa que se trabaje sin que se pegue a los dedos; se cortan las mantecadas con un vasito fino y se llevan al horno; y al sacarlas se espolvorean con azúcar bien molida.

MANTECADOS FRANCESES.—Para medio kilo de azúcar, una docena de huevos, medio kilo de manteca de vaca y medio de harina.

Primero se bate muy bien la manteca, después se echa el azúcar cernido y se vuelve a trabajar, y, por último, los huevos; cuando estas tres cosas están bien batidas y mezcladas, se agrega la harina y se vuelve a batir, hasta que esté la masa muy fina.

Se llenan unos moldecitos de papel, se meten en el horno, y al sacarlos se espolvorean de azúcar.

MANTECADOS DE AMÉRICA.—Se ponen sobre una mesa 300 gramos de azúcar en polvo, 200 de manteca de cerdo, más seis yemas; todos estos ingredientes se trabajan a la mano por espacio de tres minutos; se le mezclan 500 gramos de harina tamizada y unas gotas de limón, y se trabaja hasta conseguir que la pasta sea compacta; hecha esta operación, se aplana con un rodillo, hasta obtener el espesor que se desee, y se cortan los mantecados con un molde redondo, se colocan sobre planchas o latas a propósito y se cuecen a horno regular; al sacarlos se espolvorean de azúcar.

MANTECADAS DE VIENA.—Se deshace medio kilo de manteca de cerdo, medio de almendras molidas, medio de azúcar de pilón y uno de harina tostada; se trabaja mucho, se cortan y se cuecen al horno.

MANTECADAS DE ASTORGA.—Se baten en un cazo diez huevos, con 200 gramos de azúcar; cuando se ha deshecho el azúcar, se echan dos huevos más, y se sigue batiendo; se agregan 200 gramos de manteca y 400 de harina.

Se mezcla todo bien, se coloca en moldes de papel, y puestas al horno se cuecen.

TARTA DE ALMENDRAS.—Se baten doce yemas y se les echa media libra de azúcar, media de almendras ralladas, media de harina de trigo, se unta un molde con mantequilla, se pone y se mete al horno, hasta que esté dorada.

TORTA DE MERENGUE.—Se hace un bizcocho del tamaño y forma que se desee, se coloca en una fuente, y se vierte un almíbar a buen punto, con un poco de jerez; se pincha el bizcocho, para que se introduzca el almíbar. Sobre la torta se pone merengue, haciendo que tome la forma de pirámide, salpicándolo con grajeas o espolvoreando con canela.

ROSCAS DE ALMENDRAS.—Para una libra de almendras, una de azúcar, cinco claras, un poco de canela molida y raspadura de limón. Se amasa todo bien, y después se echa en la máquina, y salen las roscas hechas, naturalmente, y luego se cuecen.

TORTA DE CHATCHIGORRIS.—Con los chatchigorris correspondientes a nueve libras de manteca, después de bien repicados, se les pone medio kilo de masa de pan, cinco cucharadas de manteca, dos huevos, diez cucharadas de azúcar, de las de sopa, y diez céntimos de canela en polvo.

Todo esto se mezcla y amasa en una cazuela un poco templada, para que se ablande, y luego se le echa la harina para poder manejar la masa ya sobre la mesa, sin que se peguen las manos; entonces se forman las tortas, que se colocan sobre papeles untados de manteca, y echándoles por encima un polvito ligero de azúcar y canela, se meten en el horno.

PUNTA DE LLASANTE.—Se baten muy bien seis claras de huevo, se tiene hecho un almíbar con 400 gramos de azúcar y una copita de agua, el almíbar ha de estar a punto de caramelo y se va echando hirviendo, a las claras, sin cesar de mover.

En un plato o fuente que resista el horno, se pone una capa de clara, otra de pedacitos de bizcocho de soletilla, otra de clara, otra de pedacitos de dulces de frutas, y así sucesivamente, terminando con una capa de claras puesta muy alta, pues ha de formar pirámide; después con un colador se le echa azúcar y se mete a horno que no esté muy fuerte, y cuando esté dorada por encima, se saca, sirviéndola fría, en el mismo plato o fuente.

BUDÍN.—Se hace un poquito de almíbar en bastante punto, se echa un puñadito de pasas de Corinto. Se majan, después de pasadas por la máquina de rallar, una onza de almendras; se echan al mismo mortero cinco huevos; se trabaja mucho todo, y una vez bien batido se incorpora con el almíbar y las pasas, a las que se habrá echado cinco bizcochos de espuma, éstos empapados en una copita de jerez, y una vez bien revuelto todo, se echa a un molde, y se pone al baño maría.

BIZCOCHOS DE LIMÓN.—Hágase una pasta con ocho huevos frescos, corteza de limón raspada, 170 gramos de harina y 400 de azúcar en polvo; póngase luego en papeles untados con manteca para cocerlos al horno a fuego lento.

FLAN DE LECHE AL BAÑO MARÍA.—En una tacilla de leche cocida y fría, se deslíe un poco de almidón y la misma cantidad de azúcar, se revuelve todo y se echa otra taza de yemas batidas, se unta un molde con azúcar requemado, se cuece al baño maría, y se mete al horno con el mismo recipiente del baño maría.

FLAN DE LECHE AL FUEGO.—Se baten muy bien una docena de yemas de huevo; una vez bien batidas añádase una libra escasa de azúcar blanca y una cucharada de harina; se bate todo hasta que quede bien mezclado; después se derriten en un perol setenta y cinco gramos de azúcar sin añadirle agua, y cuando esté a punto de caramelo úntese con ello la parte interior de la cacerola; échense en ella las yemas, medio litro de buena leche, y mézclese con el huevo y azúcar muy lentamente; se menea mucho con una cuchara de madera, y cuando esté todo bien mezclado, se echan raspaduras de cáscaras de limón o esencia del mismo; unas gotas son suficientes; póngase todo a la lumbre con tapadera por encima, llena de ascuas; cuando esté trabado se retira, dejándolo enfriar, poniéndole después en el plato que ha de servirse.

BUÑUELOS DE PLÁTANOS (DULCE).—Pelados los plátanos, se corta cada uno en tres pedazos a lo largo, se rocían con kirsch y azúcar en polvo. Se envuelven a continuación con pasta de freír y echan en fritura caliente. Sírvanse glaceadas de azúcar con un poco de canela en polvo mezclado.

LECHE FRITA.—Se hace una natilla fina con tres yemas por pinta y seis cucharadas de harina; cuando está dura se reboza partida a cuadraditos en harina y huevo, y se sirve.

BOCADILLOS.—Después de diluir en un poco de leche cien gramos de sémola fina y cien de harina de flor, se va echando, cuando va a empezar a hervir, un litro de leche; se sigue moviendo todo hasta que la pasta quede muy espesa; se retira del fuego y se agregan cien gramos de manteca de vaca y cincuenta de queso de Parma rallado, tres huevos y sal; se trabaja mucho junto al fuego y después se deja enfriar; se extiende sobre una mesa con el rodillo, se cortan redonditos, y en una lata engrasada se cuecen al horno, espolvoreándolos al sacar con azúcar y canela.

CUAJADA.—Para cuajar un litro de leche de vaca o de oveja, se pone al fuego y cuando está un poco caliente se deshace un poco de cuajo de cordero (con leche) y se mezcla; se separa del fuego y se pone en una fuente o molde a propósito para que cuaje. Se deja donde no se mueva nada, y se sirve con azúcar fina.

ARROZ CON LECHE.—Se pone a calentar un litro de leche con doscientos gramos de azúcar, canela y corteza de limón.

Cuando empieza a hervir se echan cinco jícaras de arroz bien lavado, a fuego lento, y moviéndolo con frecuencia se deja cocer; para servirlo se espolvorea con canela molida.

REQUESÓN.—Para cada copa de leche, una cucharada de almidón, dos yemas de huevo y una corteza de limón; se acerca al fuego, y sin dejar de moverlo, se cuece hasta que esté bastante espeso; se separa y pone en molde; se mete la punta del cuchillo todo alrededor para que suelte.

CROQUETAS DE ARROZ.—Cantidades: dos vasos de leche, sesenta y dos gramos de arroz, un palito de canela, treinta y dos gramos de mantequilla, ciento veinticinco gramos de azúcar, dos huevos, un plato de pan rallado. Se cuecen dos vasos de leche con un palito de canela, y cuando rompe a hervir se incorporan dos onzas de arroz bien lavado; a medio cocer se echa un cuarterón de azúcar, se mueve de vez en cuando, hasta que esté cocido, y se retira del fuego.

Cuando esté medio frito se extrae el palito de canela, se incorpora una onza de mantequilla y un huevo, se revuelve bien y se vierte en una fuente plana, dejándolo enfriar.

Se coge una cucharada grande de la composición y se reboza en pan rallado; luego en huevo batido, con una gotita de aceite; después se vuelve a rebozar ese en pan, y se fríen en manteca bien caliente. Se espolvorean de azúcar, y se sirven.

SOPA DE POSTRE.—Se cortan en sopas panecillos de Viena y se espolvorean de azúcar y canela, se doran un poco en una fuente honda, se les echa leche hirviendo y yemas de huevo bien batido, moviendo mucho la leche y las yemas hasta que estén bien mezcladas.

SOPA DE LECHE.—Se corta a rebanadas pan de Viena y se coloca en una sopera; se pone a hervir leche con azúcar, un polvo de canela, corteza de limón; cuando empieza a hervir se quitan la canela y el limón y se vierte la leche sobre el pan.

SOPA CAÑA.—Se prepara el pan como para la anterior, y la leche con canela y azúcar; se deshace manteca de capón, que se mezcla con la sopa, y cuando la leche empieza a hervir se vierte sobre la sopa; se deja un rato.

POSTRE.—Se baten bien doce yemas de huevo, seis claras y quinientos gramos de azúcar; se bate bien todo y se pone al fuego lento para que resulte como una mantequilla.

OTRO POSTRE.—Se baten tres yemas con cien gramos de azúcar; después se baten las tres claras a punto de nieve, y mezclados con otros cien gramos de azúcar para que esté como merengue; se pone en un plato como para pastel moka; una capa de la pasta de yema, otra de bizcocho, otra de merengue, y así sucesivamente, procurando terminar con la del merengue, espolvoreándola con canela molida y mejor aún con chocolate molido.

SUSPIROS.—Se pone al fuego un cuarto de litro de leche con cien gramos de mantequilla y limón rallado, y mezclándole un poquito de sal y veinticinco gramos de azúcar; cuando está hirviendo se echa un cuarto de kilo de harina, moviéndola muy de prisa para que se haga una masa, y entonces, ésta a medio enfriar, se incorporará uno a uno seis huevos, batiendo mucho en cada uno. En una cacerola se pone aceite a fuego suave, y cuando está caliente se toman de esa pasta porciones como nueces y se echan al aceite, se dan vueltas a ellos solos.

Se escurren bien, y se sirven espolvoreándolos con azúcar y canela.

CAFARELES.—Para estos pastelitos hay que hacer a mano todo el batido; se baten mucho una docena de huevos y se dejan de batir; se va incorporando medio kilo de azúcar; cuando se nota que está bien deshecho, se añade poco a poco medio kilo de aceite; después que todo esté bien mezclado se echa una gaseosa Armisén, primero el papel amarillo y después el blanco, y se ponen diez gramos de esencia de limón y seiscientos de harina, que se va uniendo despacito hasta que el batido quede muy esponjoso; se llenan de esta pasta unas cajitas de papel y se cuecen al horno; la cajita se llena hasta la mitad, porque crece mucho.

PETITS CHOUX.—Se pone un cazo al fuego con un cuarto de litro de agua y cien gramos de manteca de vaca; cuando empieza a hervir se le echa un cuarto de kilo de harina, moviendo muy de prisa para que se forme la masa, y entonces se saca del fuego y uno a uno, se van incorporando seis huevos, batiendo sin cesar, como en la fórmula anterior.

Se unta con manteca una lata y se van colocando pequeñas cantidades a cucharadas, y se cuece en horno regular; cuando están dorados se sacan y se abren con unas tijeras, se quita lo que haya quedado crudo por dentro y se llenan con Chantilly o crema; se espolvorean con azúcar y canela.

SAINT HONORÉ.—En un molde redondo, se prepara un bizcocho y se coloca en una fuente redonda, también cubriéndola con crema o mermelada. Se hacen unos petit choux (de los de la anterior fórmula) muy doraditos, y se colocan alrededor del bizcocho, encima de una línea se coloca otra y todas las que se quieran, formando con las líneas juego de damas; al terminar se adornan los últimos con frutas confitadas.

SOPLILLO DE CHOCOLATE.—Tómense medio litro de leche, setenta gramos de chocolate, una cucharada de fécula de patata y cuatro huevos frescos; hágase cocer el chocolate en la leche; añádase la fécula, hágase otra vez cocer durante tres minutos, retírese y deje enfriar; cuando la mezcla esté bastante enfriada que no pueda cocer los huevos, agréguense las yemas bien batidas; por otra parte se mezclan las claras, que estarán batidas a punto de nieve, metiéndolo después en un molde preparado que se habrá hecho calentar, habiéndolo untado muy bien con mantequilla; póngase en el fuego; cúbrase con el horno de campaña, y sírvase en el molde en cuanto se saquen del horno.

PASTELILLOS DE CREMA.—Se prepara la pasta, calentando medio cuartillo de agua con sal, dos cucharadas de azúcar molida, setenta y cinco gramos de mantequilla, y cáscara de limón. Al primer hervor se retira y añaden ciento veinticinco gramos de harina; se menea bien para que la pasta quede bien lisa; se cuece a fuego lento, hasta que esté espesa; se mezclan cuatro huevos enteros, uno tras otro, y se quita la cáscara del limón. Se toma la masa por cucharadas, que se colocan sobre una placa, y espolvoreadas con azúcar se meten al horno. Se dejan enfriar y se guarnecen con crema batida.

PASTEL RELLENO DE DULCE.—Se preparan los pasteles de pasta de hojaldre; se rellenan de dulce de ciruela y se adaptan uno sobre otro los dos pasteles. Se dora con una yema de huevo y se pone al horno; se espolvorea con azúcar; se retira, y se sirve.

POSTRES

TORTILLA SOUFFLÉ.—Se baten seis yemas de huevo con doscientos gramos de azúcar; aparte se baten las claras a punto de nieve; se mezclan las dos cosas y se bate todo muy bien, y en una fuente que resista al horno se mete cuando éste esté fuerte y se tiene unos cinco minutos; y se sirve en seguida; por eso no se pone al horno sino en el momento.

TORTILLA DE MANZANA.—Se toman tres manzanas de buen tamaño; se les quita la piel y el corazón, y las manzanas se pican menuditas, poniéndolas a cocer con doscientos gramos de azúcar y un poco de manteca de vaca; hay que estar sin cesar de dar vueltas con una cuchara de madera hasta que se pone como una masa.

Se baten tres huevos, se mezcla la pasta y se hace la tortilla con manteca de vaca.

TORTILLAS RELLENAS.—Con tres huevos se hacen tres tortillas redondas y delgaditas (con manteca de vaca) y en la fuente donde se han de servir se pone una tortilla, se rellena de crema; encima, otra tortilla; sobre ésta, pasta de ciruela, pera o albaricoque, y encima la otra tortilla.

Se adaptan bien; se espolvorean con azúcar y canela y se les pasa por encima la pala candente.

TORTILLA CON DULCE.—Se trabajan bien cuatro yemas con cincuenta gramos de azúcar molida; se añaden las claras batidas a punto de nieve, cincuenta gramos de harina y un vaso de nata bien batida. Se calienta en una sartén manteca de vaca, se hace la tortilla, y cuando está en su punto se cubre con una mermelada de fruta; se arrolla, se espolvorea con azúcar y se mete al horno unos minutos.

MERENGUES A LA CHANTILLY.—Se baten seis claras de huevos con ciento veinte gramos de azúcar en polvo, haciéndolo evaporar todo sobre ceniza caliente y meneándolo de continuo. Se añade igual cantidad de almendras dulces hechas pasta, y concluida la mezcla se hace un merengue redondo u ovalado del tamaño de una cuchara, teniendo cuidado de dejar un vacío en medio de cada uno; se espolvorean con azúcar muy fina y se mete al horno; cuando han levantado, se sacan, se les pone dentro la crema de Chantilly muy batida, y se cubren con la otra mitad.

MERENGUES.—Para cada docena de claras batidas a punto de nieve, se hace almíbar con una libra de azúcar; se mezcla poco a poco, y se trabaja mucho hasta que espese. Después, sobre un papel blanco se van colocando cucharadas de esta pasta; se cuece a horno flojo y se separan del papel después que se enfrían.

CREMA DE ALMENDRA.—Se baten tres yemas de huevo, una clara con cien gramos de azúcar y treinta de almendra molida, y a fuego suave se cuece, sin dejar de moverla hasta que espese.

CREMA DE NARANJA.—Se baten seis yemas de huevo, tres claras y doscientos gramos de azúcar; se une con el jugo de seis naranjas dulces; se mezclan bien y sin cesar de moverlo, se cuece al baño maría, hasta que esté en su punto.

GELATINA DE CREMA.—Con media libra de azúcar fino se baten bien seis yemas de huevo, incorporando poco a poco un cuartillo de leche cocida y fría; se pone un poco de vainilla y se acerca al fuego, moviéndolo sin cesar y retirándolo antes de que empiece a hervir; se agregan doce hojas de pescado que se habrán disuelto antes en un poquito de agua caliente.

TARTA DE MANZANAS.—Bátanse más yemas de huevo que claras con una buena mermelada de manzanas bien cocidas; añádase suficiente cantidad de azúcar y un poco de nuez moscada, y se extiende sobre un suelo de masa en hojas de seis o siete vueltas; se levantan los bordes como los de una torta cualquiera y se pone en el horno sobre una lata de hierro o una hoja de papel engrasado; se dora, y se sirve caliente o fría, según los gustos.

PAN DULCE.—Se hace una masa con un kilogramo de harina, medio de levadura, doscientos cincuenta gramos de azúcar y ciento veinticinco de mantequilla, seis huevos y doscientos cincuenta gramos de leche; se trabaja mucho hasta que la masa quede muy fina, se tiene reposando un buen rato y después se hacen unos panecitos que se cuecen al horno y son muy a propósito para servirlos con el té.

SEQUILLOS.—Por cada clara de huevo, cien gramos de azúcar; se bate muy bien y se le echa raspaduras de limón y piñones o avellanas tostadas; se van haciendo los sequillos y se ponen en el horno.

TOCINILLO DE CIELO.—Clarificado en un cuartillo de agua medio kilo de azúcar, se deja un almíbar espeso y se pone a enfriar; se prepara la misma cantidad de yemas que de almíbar, agregando a las yemas, al tiempo de batirlas, un poco de almidón.

Cuando estén bien batidas, se incorpora el almíbar hilo a hilo, sin dejar de moverlo con mucho cuidado para que no se corte.

Se echa a un molde preparado con azúcar quemada, y se cuece al baño maría.

FLAN CASERO.—Se cuece un cuarto de litro de leche, y cuando está fría se echa canela molida y raspadura de limón; se baten muy bien seis huevos, se incorporan poco a poco seis cucharadas de azúcar y cuatro de harina; cuando se ha batido mucho y está fino, se agrega la leche, se revuelve bien, y en un molde preparado se cuece al baño maría.

FLAN DE NARANJA.—Éste se hace lo mismo que la llamada crema de naranja, puesto en un molde.

FLAN DE LIMÓN.—Se cuece un cuartillo de leche, y cuando está fría se echa un limón rallado y cuatro cucharadas de azúcar; se baten diez yemas y cuando están muy batidas se va incorporando una cucharada de harina, y se sigue batiendo hasta que esté muy fino; se mezcla todo, se revuelve bien, siempre al mismo lado, y en un molde preparado con azúcar quemada, se cuece al baño maría, metiéndolo por fin un rato al horno para que se dore.

Todos los postres que se ponen al horno después de cocer al baño maría se meten con el mismo recipiente con agua.

Si en lugar de limón quiere ponerse canela o vainilla, cambia el nombre del flan, pero la confección es igual.

FLAN DE AVELLANA.—Para un cuartillo de leche, tres onzas de avellanas tostadas y molidas, cuatrocientos gramos de azúcar y doce yemas. Se bate muy bien y se pone en el baño maría y se tiene tres horas justas.

FLAN DE ALMENDRA.—Se confecciona como el anterior, poniendo almendras tostadas en lugar de avellanas.

NATILLAS.—Se pone a cocer un cuarto de litro de leche con una cáscara de limón, un palo de canela o vainilla; se deja enfriar; aparte se baten diez yemas de huevo con doscientos gramos de azúcar; se mezcla todo, y sin dejar de moverlo siempre al mismo lado se cuece al baño maría; cuando empieza a espesar se saca a una fuente y se espolvorean con azúcar y canela.

NATILLAS ACARAMELADAS.—Póngase azúcar en polvo en una cacerola de cobre y no de estaño; derrítase sin agua en fuego fuerte para que forme mucho color; échese, según la cantidad de caramelo, más o menos flor de naranja garrapiñada, y de antemano deshecha en agua; añádase nata o leche en la misma proporción.

Cuélese todo después de cocido, y espésese al baño maría; se deja enfriar, y se sirve.

NATILLAS CON BIZCOCHOS.—Se hace como la primera fórmula, y antes de echarlas a la fuente se ponen en ésta dos claras a punto de nieve, y se cubre con bizcochos el fondo.

Cuando las natillas están casi frías se vierten por encima, si se ponen solo bizcochos sin claras; pueden echarse las natillas calientes.

NATILLAS DE CAFÉ.—Se hacen como las natillas sencillas, sino que en lugar de poner canela o limón con la leche al cocerla, se pone una muñequita de muy buen café molido.

NATILLAS DE CHOCOLATE.—Igual que las anteriores, poniendo a cocer con la leche dos pastillas de chocolate molido; se hace todo igual, cociéndolas también al baño maría.

NATILLAS DE TÉ.—Cuando las natillas se sirven al dar un té, se hacen como todas, poniendo en lugar de la muñequita con café, una muñequita de té muy aromático.

GALLETAS.—Se hace una pasta dura como para pan y se echa anís, canela o limón rallado y huevos; hecha la masa se corta con un molde redondo, cuadrado o como se quiera, y se cuecen a horno suave.

GALLETAS CON MANTEQUILLA.—Tómense setenta gramos de mantequilla y cuando está a medio deshacer se añaden ciento veinticinco gramos de azúcar, se trabaja y agrega medio kilo de harina.

Se trabaja mucho, se mezclan cuatro huevos y se vuelve a trabajar hasta que la masa está fina; se extiende con el rollo y se cortan como se quiera, cociéndolas.

BOLLOS DE LECHE.—Con medio cuartillo de leche cocida se pone un poco de sal, ciento cincuenta gramos de azúcar y un poco de mantequilla; se trabaja bien, se pone un bolito de levadura, cuatro yemas de huevo y la harina necesaria, cuidando que la masa quede un poquito blanda; en sitio templado se deja en reposo unas diez o doce horas.

Después se trabaja un poco la masa; se les da forma, se untan con una pluma de clara de huevo, y se meten al horno en una lata.

MEDIAS LUNAS.—Sobre un mármol se trabaja medio kilo de harina con medio de mantequilla y unos ciento treinta gramos de azúcar, media docena de yemas y canela molida o raspaduras de limón.

Cuando ya la masa está fina, se extiende sobre el mármol con el rollo y con una copa y afianzando sólo la mitad, se cortan medias lunas, que se colocan en latas y se cuecen al horno.

MONERÍAS.—En una vasija se ponen 200 gramos de harina, 100 de azúcar, una cucharadita de anís, una cucharada de manteca de vaca y dos o tres huevos; se trabaja mucho y cuando la masa está fina, se hacen unos bollitos muy pequeños, que se cuecen a horno suave.

MIL HOJAS.—Se hace un hojaldre fino, se extiende con el rollo y con un frutero grande de cristal se cortan unas cuantas circunferencias iguales, y en unas latas se meten al horno por separado; una vez doradas se dejan enfriar y se coloca una capa, que se rellena con pasta de ciruela, cereza, grosella, albaricoque, o lo que más guste; se pone otra capa y se rellena de crema, otra de fruta, otra de Chantilly, y así sucesivamente, se rodea de merengue y se cubre con una mermelada con frutas confitadas.

PÍOS NONOS.—Hágase un bizcocho fino muy delgado y bastante cocido, para que quede dorado; se deja enfriar, y si se quiere grande, se deja como está, y si se desean pequeños, se cortan pedacitos; en la parte tostada del bizcocho se pone crema y se ralla para formar el pío nono, bañándolos con almíbar fuerte.

CALINETA.—Con tres cuartos de kilo de azúcar, se bate una docena de huevos, de los que se habrán separado dos claras; se trabaja mucho y se agregan doscientos gramos de almendra molida; vuelve a trabajarse y se agrega algo más de medio kilo de harina, se mezcla todo bien y se tienen dos moldes redondos, uno mayor que otro, untados de mantequilla; se pone en ellos la pasta y se cuece a horno suave, dejándolos después enfriar; cuando están fríos, se cortan por la mitad, quedando cuatro bizcochos redondos en lugar de dos. Se prepara almíbar a medio punto con un poco jerez, se empapan los bizcochos, se rellenan de huevos moles, uniendo los dos que son iguales, y colocando unos sobre otros formando dos pisos, quedando, por consiguiente, el menor encima. Se adorna con merengue, bombones y frutas confitadas.

HUEVOS MOLES.—Se pone un vasito de agua fría y otro de azúcar, y se coloca al fuego hasta hacer un almíbar con bastante punto; se baten aparte las yemas de huevo, y cuando el almíbar está casi frío, se va incorporando poco a poco, sin cesar de mover, para que se mezcle bien con las yemas. Se pone al baño maría, moviendo algo, y cuando van espesando los huevos, se separan del fuego y se baten bien para que queden muy finos.

En la misma forma se hacen los de almendra, sin más variación que agregar almendras molidas y mezclarlas bien antes de cocerlas al baño maría.

ENSAIMADAS.—Se toman 30 gramos de levadura y un poco de sal, se echan dos o tres cucharadas de leche, y cuando está blanda, se agrega una cucharada de azúcar en un cuartillo de leche templada; se disuelven 130 gramos de mantequilla, se deja enfriar y se baten ligeramente dos huevos.

En una vasija se mezclan la sal con la harina, los huevos, la levadura y la leche; se revuelve todo con una cuchara de madera, y cuando la masa está bien hecha, se cubre con un paño y se pone en sitio caliente hora y media o dos, después se agrega el agua.

Se divide la masa en porciones, se espolvorea una lata con azúcar, se hacen las ensaimadas y se van colocando en la lata sobre una vasija de agua hirviendo, y cuando se vea que han aumentado mucho, se meten al horno.

ROSCÓN.—Peladas y molidas medio kilo de almendras, se unen con otro medio de azúcar; se baten seis yemas y se van uniendo, echando también canela molida y limón rallado; se agregan las seis claras a punto de nieve, se envuelve bien, y en latas cubiertas de obleas se coloca el rosco, dejando en el centro un hueco, que se consigue poniendo un molde boca abajo en el centro, y formando el rosco alrededor, se mete al horno, y cuando está cocido, se baña con almíbar y clara de huevo, volviéndolo al horno unos dos minutos.

GUIRLACHE.—Se pone a fuego vivo medio kilo de azúcar y el zumo de medio limón; cuando esté dorado se agrega medio kilo de almendras tostadas al horno y partidas a pedacitos después de peladas. Se le da unas vueltas, y cuando todo está bien mezclado, se une ligeramente con mantequilla en un mármol y se vierte allí todo, echándole grajea por encima y cortándolo a barritas antes que se enfríe.

TURRÓN DE YEMA.—Se pela y muele un kilo de almendras; se mezcla bien con otro de azúcar, se baten muy poco doce yemas de huevo, y se trabaja mucho todo junto, hasta que quede como una pasta. Si se abre algo, se pone clara de huevo sin batir, trabajándola mucho, se colocan obleas en una caja, se llena de pasta, y se tiene en prensa dos o tres días.

TURRÓN DE CAFÉ.—Se hace todo igual que el anterior, sustituyendo las yemas con café concentrado.

TURRÓN DE AVELLANA.—Se pone a hervir el agua necesaria con seis cucharadas de miel y medio kilo de azúcar. Cuando está a punto de caramelo se echan las avellanas partidas a pedacitos y tostadas; se remueve de prisa, se saca entre obleas y se prensa.

MAGDALENAS CON FRUTAS.—Se pone en un molde de magdalenas un medio hojaldre, se rellena de frutas en pasta, se cubre con hojaldre y se cuece al horno.

PASTEL DE CHANTILLY.—En vez de hojaldre se reviste el molde con bizcochos, se rellena con Chantilly, se cubre con otra capa de bizcocho y se coloca unas horas en hielo, y después entero se saca a un plato.

MODO DE HACER EL CHANTILLY.—Se baten mucho doce claras a punto de nieve, agregándolas medio kilo de azúcar, se tiene muy batido un cuartillo de nata, se mezcla con las claras, batiendo nada más que un poco al mezclar.

BOLLITOS AL HORNO.—Se toman medio kilo de harina, dos huevos, sal, media copa de leche, cuatro cucharadas de azúcar, una cucharadita de bicarbonato y setenta gramos de mantequilla; se trabaja todo unido, y cuando la masa está fina, se deja un par de horas reposando; después se afina bien con el rollo, y se hacen los bollos y cuecen al horno.

PAPELITOS.—Se baten los huevos que se quiera, poniendo un poco de sal y una gota de aceite por cada uno. Cuando está muy bien batido se va echando harina, hasta hacer una masa fina, que al extenderla con el rollo, quede como un papel de fumar, y se fríen rápidamente, después de cortados, dorándolos por los dos lados y espolvoreando con azúcar y canela.

PASTELES DE NUEZ.—Se hace una masa fina con harina, agua fría, sal y huevo; se mezclan bien con una cuchara de palo, se añade mantequilla y se trabaja bien, y cuando está fina, se deja un par de horas en reposo; se tiene hecha una pasta con agua, azúcar y nueces machacadas, se extiende con un rollo la masa, se rellena de nuez, y se fríen.

PATATA EN PASTELILLOS AL HORNO.—Cocidas enteras medio kilo de patatas, se les quita la piel y se pasan por el prensa-puré, agregando cien gramos de mantequilla, cincuenta de harina, dos yemas de huevo, un poco de sal, cien gramos de azúcar. Se trabaja todo muy bien, y cuando está fino, se pone en una lata en porciones pequeñas, y se cuecen al horno.

POSTRE DE MANZANA.—Se cortan finas, después de peladas, cuatro o más manzanas (según sean), se mezclan con seis cucharadas de azúcar y manteca caliente de vaca. Se cuece, moviendo sin cesar, y cuando se desprende se agrega un huevo batido, se pone otro poco a cocer, y se deja enfriar.

PASTELILLOS CON MANZANA.—Para un par de docenas de pastelillos, se pone en una cacerola, una jícara de agua, un poco de sal, una cucharada de azúcar, dos de vino blanco y tres de manteca de vaca y un palo de canela.

Se acerca al fuego, y cuando va a romper a hervir, se separa para que se enfríe algo. Después se quita la canela, y se va agregando harina, moviéndolo sin cesar con una cuchara de madera; cuando se desprende la masa de la cacerola, se saca a un mármol y se trabaja bien, hasta que quede muy fina; se extiende con el rollo bien adelgazado, se forma el pastel, rellenándolo de pasta de manzana; se fríen en manteca muy caliente y que cubra.

MARRÓN GLACÉ.—Se pelan y cuecen castañas; después de cocidas se les quita la segunda piel con cuidado, y se ponen a escurrir. Se hace un almíbar espeso con vainilla, se cuecen bien las castañas en el almíbar, y se ponen a secar sobre un mármol.

TURRÓN DE CAPUCHINA.—Se baten mucho seis claras y una yema; en una lata larga y estrecha, moldeada y untada de mantequilla, se echa y cuece al horno suave; se pone por encima almíbar, que se habrá hecho con media libra de azúcar; se pincha por todo para que el almíbar se introduzca; se vuelve al horno, y sin prensar se tiene en el molde un día.

AZÚCAR CLARIFICADA.—Se pone a hervir un litro de agua, y cuando principia se echa un kilo de azúcar y una clara de huevo; se mueve sin cesar y se espuma muy bien, dejándolo hervir hasta que tome el punto que se desee; si es para fruta, no muy espeso; si es para tocinillos, fuerte; y si es a punto de caramelo, se conoce en que al echar una gota en el agua queda dura y acaramelada.

MODO DE CONFITAR LAS FRUTAS.—Se hace a punto fuerte almíbar y fuera del fuego se bate mucho, y cuando va poniéndose como blanca, se bañan los dulces de prisa, porque si se pone dura, el almíbar no sirve.

BAÑO BLANCO PARA YEMAS.—Se hace almíbar espeso, y antes de que se enfríe, se frota con una cuchara de madera en las paredes del cazo, hasta que el almíbar se pone blanco.

YEMAS CON BAÑO.—Con un poco de agua y medio cuarto de kilo de azúcar, se hace almíbar espeso; sin moverlas se echan en el mismo cazo, cuando está a medio enfriar, una docena de yemas de huevo, cuidando de que vayan cuajándose, sin pegarse al fondo; después se envuelve esta masa en azúcar muy fina, se deja un día, y luego se toman porciones como yemas, se les da un baño blanco, y cuando están frías, se envuelven en papel.

YEMAS CAPUCHINAS.—Para nueve yemas una clara; se bate mucho y se incorpora una cucharada de harina; se vuelve a batir, se mete en un molde con mantequilla, y se echa la pasta cociendo al baño maría y terminando al horno; se saca, y cuando está frío, se corta en cuadraditos, y se bañan en almíbar.

YEMAS ACARAMELADAS.—Sin batirlas se echan yemas en un cazo, se les va echando almíbar algo fuerte, mezclando todo, y se acerca a fuego lento hasta que se cuaje; cuando está espeso se saca a una fuente a enfriar; después de fría se trabaja con azúcar fina y se rolla, tomando luego porciones como yemas y colocándolas en una lata manchada de

DULCE DE FRUTAS

CARNE DE MEMBRILLO.—Se frotan muy bien en un paño los membrillos para quitarles el pelo, y con agua fría se ponen a cocer; cuando están cocidos se mondan y rallan. En un perol se pone alguna más cantidad de azúcar que el peso que dé el membrillo rallado, con el agua necesaria para hacer un almíbar en punto de bola; cuando el almíbar está hecho, se va incorporando poco a poco el membrillo, y cuando está bien mezclado se pone al fuego, retirándolo apenas rompe a hervir; se saca y pone en los moldes, poniéndolos unas noches al fresco, sin cubrirlos.

JALEA DE MEMBRILLO.—Se cuecen los corazones y cortezas de membrillo en la misma agua que antes han cocido los membrillos; luego se cuela y se ponen tantos vasos de azúcar como de líquido y se cuece hasta que está a punto de bola; se conoce que está bien cuando se echa una gota a un plato y no corre.

DULCE DE MANZANAS.—Para este dulce se pesa igual cantidad de azúcar que de manzana, se pelan y echan en agua hirviendo; cuando han cocido y antes de ponerse blandas, se pasan al agua fría y se dejan veinticuatro horas; se sacan a escurrir y aparte se hace el almíbar; cuando está frío se unen las dos cosas y se pone a fuego lento hasta que tome punto bastante fuerte; quedan enteras y de un color muy bonito.

MERMELADA DE MANZANA.—Después de peladas se ponen a cocer las manzanas con agua fría; se las deja escurrir y se pasan por un tamiz, poniendo después en la misma proporción el azúcar que la pasta, agregando canela molida; se mueve sin cesar todo junto hasta que tome punto, que es cuando se echa a los tarros.

GELATINA DE MANZANA.—Se pelan las manzanas y se cuecen; en una fuente se ponen setecientos gramos de azúcar; se deshacen aparte, con un poco de agua caliente, cien gramos de cola de pescado, mezclando esto con el zumo de dos limones, y pasado por un tamiz se echa a donde está el azúcar; se bate mucho y cuando toma consistencia se pone en moldes. Siempre que haya que sacar gelatina de los moldes se introducen antes un momento en agua muy caliente.

MANZANA MOLDEADA.—Limpias de piel y semillas las manzanas, se cortan a trocitos, poniéndolos a cocer con agua, azúcar y canela; déseles vueltas sin cesar con una cuchara de madera, y cuando se ve que se hace pasta se pone en un molde, no sacándola hasta que se enfríe.

PASTA DE MANZANAS.—Frotadas y partidas las manzanas se ponen a cocer con agua; se pasan por tamiz y se pone igual cantidad de jugo que de azúcar, y a fuego lento se hace hervir unas horas, hasta que está en su punto.

JALEA DE MANZANA.—Se frotan bien una docena de manzanas y se ponen a cocer con una botella de sidra; cuando están cocidas se pasan por un tamiz y se pone en un perol al fuego, vaso de azúcar por vaso de jugo, y cuando está a punto se pone en moldes.

DULCE DE NARANJA.—Con un rallador o cuchillo fino se les quita la parte amarilla; se cortan por la mitad a lo ancho; se les quita las semillas y se ponen a cocer en agua fría; se dejan hervir hasta que están tiernas, que se sacan a otra agua fría, cambiándoles de agua cada doce horas por espacio de cinco días. Aparte se hace el almíbar, y cuando tenga punto, se mete la naranja, haciéndola hervir a fuego lento hasta que esté a punto, colocándola en tarros, cuidando que quede la fruta cubierta por una buena capa de almíbar. Se necesita kilo y medio de azúcar por kilo de naranja en crudo.

Cuando se quiere que quede más bonito, sin quitar nada de la cáscara se tienen lo primero nueve días en agua, cambiándola todos los días y pinchando a menudo la cáscara con un alfiler.

NARANJAS CONFITADAS.—Se quita la cáscara de la naranja a rajitas; se tienen unas horas secando, y en un almíbar que se tendrá preparado a punto de caramelo, se introducen y sacan rápidamente, dejándolas en una fuente para que se acaramelen.

GELATINA DE NARANJA.—Se pone en un perol la misma cantidad de azúcar que de zumo de naranja, poniendo una clara de huevo para clarificarlo; cuando está a medio cocer se pasa por un colador y se vuelve al fuego, agregando colas de pescado disueltas en un poquito de agua caliente (unas tres colas por docena de naranjas); se deja hervir hasta que tome punto, poniéndolo en moldes.

DULCE DE LIMÓN.—Se toman limones buenos y se pesan, y se pone la proporción de azúcar algo más que para las naranjas; se les quita la parte amarilla con el rallador y se cortan en rajas a lo largo. Se tienen un momento en agua hirviendo y en seguida se ponen en agua fría veinticuatro horas, cambiando el agua dos o tres veces. Se hace almíbar a punto fuerte, se une con la fruta, se pone a cocer hasta que tome color dorado y punto. Las cortezas de limón se confitan y acaramelan lo mismo que las de naranjas.

DULCE DE CEREZA.—Se pesa kilo y medio de azúcar por kilo de fruta; se quitan a las cerezas huesos y tallos y se tienen cuatro horas en agua fría; después se meten en agua hirviendo y se dejan cinco minutos hervir, volviéndolas al agua fría otras cuatro horas, cambiando todas las horas el agua.

Se hace aparte almíbar a punto, se deja enfriar, se une la fruta bien escurrida y se hace hervir lentamente, hasta que esté a punto y pueda meterse en los tarros.

DULCE DE GUINDA.—Éste se hace y prepara igual que el anterior, teniendo presente que si las guindas son de buena clase basta con poner kilo de azúcar por kilo de fruta.

PASTA DE GUINDA.—Se pesa por kilo de fruta kilo y cuarto de azúcar; se le quitan los tallos y los huesos y en agua fría se pone a cocer; cuando ha hervido un poco se escurre bien y pasa por el cedazo, cociendo la pasta sola y moviéndola sin cesar hasta que espese. Después se pone la pasta y el azúcar juntos, hirviendo diez minutos sin dejar de moverlo, y cuando tiene punto se echa en los tarros. Ningún tarro de dulce debe taparse hasta pasados dos o tres días de haberlos llenado.

CABELLO DE ÁNGEL.—Se cuece o asa la calabaza, y cuando se abre y esté bien cocida se quita la piel, poniendo los hilos en una vasija con agua fría; se tiene un día entero cambiando el agua dos veces durante las veinticuatro horas. Cuando está bien escurrido se pesa kilo de fruta por uno y medio de azúcar; se hace aparte un almíbar a punto, se unen los hilos al almíbar; se echa corteza de limón y canela en palo y se deja hervir hasta que tome punto.

DULCE DE CIRUELA CLAUDIA.—Se eligen ciruelas buenas y duritas; se pesa igual cantidad de ciruela que de azúcar o algo menos de la última; se pinchan las ciruelas, y sin quitarles los tallos se ponen en agua fría; en la misma se ponen a cocer y se tienen hasta que van subiendo a la superficie; según vayan apareciendo arriba se van sacando a otra agua fría y se tienen veinticuatro horas; se sacan y ponen a escurrir; se hace aparte un almíbar a punto, y sin que se enfríe del todo se van poniendo las ciruelas una a una; se acerca al fuego, y cuando rompe a hervir se separa y deja quieto hasta el día siguiente, que se hace la misma operación; es decir, acercarlas y quitarlas cuando van a empezar a hervir, y así siete o nueve días que le son necesarios hasta tomar punto.

DULCE DE HIGO.—En todo es igual al anterior, con la sola diferencia de que antes de poner a cocer los higos han de estar cuarenta y ocho horas en agua fría, cambiando ésta cada doce horas.

PASTA DE CIRUELA.—Se pesa la misma cantidad de fruta que de azúcar; se ponen las ciruelas (que sean buenas y verdes) a cocer, y cuando se ve que se deshacen, se escurren bien; aparte se hace el almíbar a punto de caramelo, y la ciruela después se cuece sola y sin dejar de mover; cuando se pone espesa, se mezcla con el almíbar fuera del fuego y moviendo mucho, hasta que esté bien mezclado, y entonces se pone en los tarros.

PASTA DE HIGOS.—Se hace como la anterior, sino que a los higos hay que quitarles la piel antes de cocerlos.

DULCE DE MELOCOTÓN.—Se pesa la misma cantidad de azúcar que de melocotones, se frotan éstos, se meten en agua hirviendo y se separan del fuego, dejándolos allí hasta que el agua se enfríe, se sacan con cuidado a otra agua fría, y se tienen veinticuatro horas cambiando de agua cada doce; con los dedos se les quita la piel con mucho cuidado, y se meten en el almíbar, que se habrá hecho aparte, y cuando éste está frío, se acerca a fuego suave, y se hace cocer hasta que tome punto.

PASTA DE MELOCOTÓN.—Se pesa kilo y medio de azúcar por kilo de fruta; se pelan y quitan los huesos a los melocotones, y con agua fría se acercan al fuego; cuando han cocido bastante se ponen a escurrir. Aparte se hace almíbar a punto de caramelo, se mueve mucho, se acerca al fuego, y sin dejar de mover, para que no se pegue, se hace hervir unos veinte minutos a fuego suave, hasta que esté a punto.

PASTA DE ALBARICOQUE.—Se quita el hueso a los albaricoques y se hace lo mismo en todo que la fórmula anterior.

ALBARICOQUE MOLDEADO.—Se pesa la misma cantidad de azúcar que de albaricoques; se les quitan los huesos y la piel, y cortados a trozos se ponen a hervir a la vez que el azúcar, y cuando está a punto, se saca a moldes y se deja enfriar.

MERMELADA DE ALBARICOQUE.—Se pesa el azúcar en la misma proporción que los albaricoques; se pelan y cortan a trozos, y en un perol se pone una capa de fruta, otra de azúcar y así sucesivamente, dejándolo un día entero; después se acerca al fuego, y sin dejar de mover, para que no se pegue, se hace hervir hasta que tome punto.

DULCE DE PERA.—Se pesa la misma cantidad de peras que de azúcar; se pelan las peras y a lo largo se parten por la mitad, quitándoles semillas y corazón; se echan en agua hirviendo y se tienen un cuarto de hora; después se escurren bien.

Aparte se hace el almíbar a buen punto, y cuando está frío se une la fruta, haciendo cocer a fuego suave, hasta que esté en su punto.

MERMELADA DE PERA.—Ésta se hace por el mismo procedimiento que la mermelada de manzanas.

COMPOTA DE PERA.—Se pesa medio kilo de azúcar por kilo de peras; se pelan y limpian de semillas y se ponen a cocer con agua y un palo de canela; cuando está a medio cocer se mezcla una copita de vino blanco y se deja hervir hasta que tiene punto de compota, que es almibarado.

COMPOTA DE MANZANA.—Se hace como la anterior, pero se suprime el vino y la canela, poniendo en su lugar corteza de limón.

COMPOTAS DE MELOCOTÓN Y ALBARICOQUE.—Como la de manzana, quitando el limón.

DULCE DE SANDÍA.—Se quita la corteza de la sandía y la parte encarnada; de la parte blanca de junto a la corteza se cortan unos trocitos como dados y se meten en agua hirviendo; se tienen un cuarto de hora y se sacan al agua fría, teniéndolos allí mientras aparte se hace el almíbar a punto fuerte; se mete la sandía y vuelve a hervir hasta que tome punto; se pone kilo de azúcar por kilo de fruta.

SANDÍA CONFITADA.—Se pone cocida y escurrida, y se introducen los trozos en almíbar a punto de caramelo, metiendo y sacando rápidamente y dejándolos enfriar para que queden acaramelados.

DULCE DE FRESA.—Se pesa igual cantidad de fresa que de azúcar; se limpian muy bien las fresas, se les quita los tallos y se echan en agua hirviendo, sacándolas en seguida al agua fría; a los cinco minutos se ponen a escurrir, y entretanto se hace almíbar con bastante punto; se deja enfriar para mezclarlo con la fruta y a fuego lento se hace hervir hasta que esté en su punto.

JALEA DE FRESA.—Se cuece la fresa (después de limpia) con el agua justa; después se exprime en un paño fino y se mide el jugo, poniendo en un cazo tantas tazas de jugo como de azúcar; se deja hervir lentamente hasta que esté a punto fuerte y se echa en los tarros, poniéndolos en sitio ventilado.

MERMELADA DE FRESA.—Se pesa igual cantidad de azúcar que de fresas; se limpian bien éstas, se les quita los tallos y se ponen al fuego en agua fría; en cuanto dan un hervor se sacan, se escurren y pasan luego por un tamiz; se hace hervir la fruta hasta que espese algo; se le añade el azúcar y se hace hervir un poco sin dejar de mover para que no se pegue.

MERMELADA DE GROSELLA.—Se hace lo mismo que la de fresa.

JALEA DE GROSELLA.—Se toma la misma cantidad de grosella encarnada que blanca y una tercera parte de frambuesas; se mezclan bien, se exprimen mucho y pasan por un paño muy fino. Se mide las mismas tazas de jugo que de azúcar y se pone a hervir lentamente.

Cuando haya tomado bastante punto se pasan y se llenan los tarros, dejándolos descubiertos en sitio muy ventilado.

DULCE DE BATATAS.—Se pesa kilo y cuarto de azúcar por uno de batatas. Después de cocidas enteras se les quita la piel; se parten en rajas uniéndolas al almíbar, que se habrá hecho aparte y con bastante punto; después ha de hervir todo junto hasta que esté dorado y en su punto.

BATATAS CONFITADAS.—Cocidas y cortadas a rajas, como en la fórmula anterior, se introducen y sacan rápidamente en almíbar a punto de caramelo, poniéndolas a enfriar, y se empapelan.

DULCE DE UVAS.—Se pesa la misma cantidad de azúcar que de uvas de esas encarnadas, de grano largo; se ponen en agua muy caliente, sin tallos, y en seguida se extienden al sol. Se hace almíbar muy clarificado, se deja enfriar, se meten las uvas, y a fuego lento se deja hervir un rato hasta que tome punto.

HELADOS

MODO DE HACER LOS HELADOS.—La heladora o garrafa o molde que ha de servir para los helados ha de estar bien limpia y ha de cerrar herméticamente.

Después de preparado el helado se echa en la garrafa y cierra bien; ésta se mete en un cubo sobre hielo y sal alrededor de ella; se va rellenando el cubo de hilo y sal, y cuando esté todo, principia a dársele vueltas o medias vueltas rápidas, hasta que se hiela.

FLAN HELADO.—A un vaso de leche, diez céntimos de café en grano; después se baten mucho dos yemas con azúcar, y se baten aparte las dos claras a punto de nieve; se mezclan bien las yemas con la leche y se pone al fuego como bizcochada; antes de separarlo del fuego se ponen cuatro colas de pescado deshaciendo una por una; y después se coloca en franela mojada y se pone hielo hasta que se cuaja.

QUESO HELADO.—Se ponen veinticuatro yemas de huevo y medio kilo de azúcar; se cuece un litro de leche con vainilla o corteza de limón; cuando está fría se va incorporando a las yemas, que estarán muy batidas con el azúcar; se acerca al fuego sin dejar de moverlo, y cuando principia a ponerse espeso se retira antes de que hierva. Se trabaja hasta que quede espumosa y fría y se vierte en los moldes, poniéndolos a helar.

MANTECADO.—El mantecado se hace por el mismo procedimiento que el queso helado; variando las cantidades; para un litro de leche, catorce yemas de huevo y doscientos gramos de azúcar. Cuando está frío, en lugar de moldes se pone en una heladora y se le da vueltas hasta que quede cuajado.

HELADO DE FRESA.—Se toma un kilo de fresa, y por un tamiz se va pasando, agregando despacito, a fin de que pase mejor, algo menos de medio litro de agua; en el líquido se echan tres cuartos de kilo de azúcar y se pone al fuego un rato para que se haga como un almíbar; se deja enfriar, se pone en la heladora y se hiela.

HELADO ARLEQUÍN.—Si es para queso helado se pone una mitad del molde lleno de helado de fresa, y encima la otra mitad de mantecado; se tapa, se cubre de hielo todo, durante dos horas, y se saca con cuidado en el mismo momento de servirlo. Si se sirve, no como queso, sino en vasitos, se tienen los dos helados en sus respectivas heladoras, y se coloca mitad de cada uno, a lo largo.

LIMÓN HELADO.—Para un litro de agua seis cucharadas de azúcar y el zumo de seis limones; mézclese bien todo y póngase a helar en la garrafa.

LECHE HELADA.—Se cuece la leche con azúcar y un palo de canela; se pone a helar, y cuando se ha de servir se llena una copa, y por encima se pone una capa de canela molida.

CANELA HELADA.—Hágase hervir en un litro de agua una docena de palitos de canela, azucárese convenientemente y póngase a helar.

HELADO DE VAINILLA.—Se hace igual que el anterior, sustituyendo los palitos de canela con los de vainilla.

HELADO DE GROSELLA.—Se prepara y hace todo por el mismo procedimiento del de fresa.

HELADO DE NARANJA.—Se pone en un litro de agua el zumo de seis naranjas grandes, y el azúcar necesario, se echa en la garrafa y se pone a helar.

HELADO DE CAFÉ.—Se hace café muy concentrado, se azucara y se pone a helar.

HELADO DE CAFÉ CON LECHE.—Se prepara leche (un litro) como para hacer mantecado, poniéndola a cocer con una muñeca que contenga doscientos gramos de café tostado, pero sin moler; se mezcla con el batido de huevo y se pone a helar; si se quiere con más color se le echa además una o dos tazas de café concentrado.

HELADO DE AVELLANA.—Se hace una crema como para mantecado, se mezclan avellanas tostadas y molidas, se pone en la garrafa y se hiela.

MANTECADO CON FRUTAS.—Hágase el mantecado según fórmula y mézclense bien frutas muy picadas y confitadas, poniéndose en la heladora.

HELADO DE ALMENDRA.—Hágase una crema como para el mantecado, mézclese almendra tostada y molida, y póngase a helar.

HELADO DE COCO.—Prepárese igual que el anterior, pero en lugar de echar almendra, échese coco rallado.

HELADO DE CHOCOLATE.—En un litro de leche, disuélvanse seis u ocho pastillas de chocolate (que resulte espesito), se pone en la heladora y se hiela.

MANTECADO DE BIZCOCHO.—Se hace un bizcocho en molde, se deja en el centro un hueco; se saca a un plato frutero, y al tiempo de servirlo se llena el hueco de mantecado.

HUEVO HELADO.—Se baten muy bien las yemas que se quiera, con una cucharada de azúcar por cada yema; se baten las claras a punto de nieve y se incorporan a las yemas, agregando un poco de vainilla; se pone a helar, y cuando está cuajado se sirve.

BISCUIT DE COCO.—Para diez claras de huevo, media libra de azucarillos, medio cuartillo de nata y poco más de un cuarterón, cien gramos, de coco rallado.

Se baten muy bien las claras con los azucarillos hasta que estén duras; se tiene antes batida la nata hasta que quede muy espesa; después se juntan las dos cosas, se echa luego el coco y se pone en hielo cuatro horas sin moverlo.

Lo mismo se hace biscuit de avellana y de vainilla; el de café se cuece antes con un poco de leche y se echa al final como el coco.

SORBETE DE MELOCOTÓN.—Se toman melocotones muy maduros; se cortan a pedazos, se tiran los huesos, y a los pedazos se les da un hervor en un cazo con un agua.

Se pasan por un tamiz, procurando pase toda la pulpa, añadiéndole por kilo de melocotones medio de azúcar que se habrá deshecho en el fuego con un poco de agua.

Después de bien mezclado todo se deja enfriar y se pone a helar dentro de la garrafa o molde.

JARABES Y PONCHES

JARABE DE MALVAVISCO.—Se limpia un cuarto de kilo de malvavisco y se hace hervir; se tira el agua y se pone en otra (un litro), dejándolo hervir hasta que se reduzca a la mitad; se pasa por un colador y se pone con medio kilo de azúcar de pilón, poniéndolo a hervir hasta que tome un punto de jarabe bastante grueso.

JARABE DE GROSELLA.—Se limpian dos kilos de grosellas y un cuarto de kilo de cerezas que no estén muy maduras; poco a poco se va machacando todo muy bien y pasándolo por un tamiz o paño muy claro y húmedo; ese jugo se tiene reposando un día entero en sitio muy fresco, procurando que esté en vasija de barro. Después se pone en una franela o tamiz para que se vaya filtrando y cayendo a otra vasija; a medio kilo de este jugo se le agregan tres cuartos de kilo de buen azúcar; se pone a fuego muy lento y cuando va a empezar a hervir se vierte de la vasija de porcelana que se habrá puesto al fuego a la de barro; se deja enfriar y se embotella; procurando guardar las botellas derechas y herméticamente cerradas y en sitio muy fresco. Cuando se quiere improvisar un refresco basta echar una cucharadita de este jarabe en una copa de agua.

JARABE DE CAFÉ.—En un cuarto de litro de aguardiente de Holanda se echa una taza de café muy fuerte y concentrado; aparte se hace medio kilo de azúcar buena en almíbar, se mezcla todo muy bien, y con un embudo de papel filtro se filtra y embotella.

LICORES

LICOR DE GUINDAS.—En un litro de alcohol de 90 grados se echa un gramo de clavo cilantro y otro de canela molida; se mete un kilo de guindas sin cabos y que estén en su punto, dejándolas en maceración unos veinte días. Después se agrega un kilo de azúcar pilón y medio litro de agua, dejándolo diez días o más; se embotella filtrado.

LICOR DE MENTA.—Póngase un kilo de azúcar fina en dos litros de anisado, dejándolo unos ocho días; después se agregan setenta gotas de menta y, como todos los licores, antes de embotellarlo se filtra.

CURAÇAO.—Póngase un litro de alcohol en maceración por espacio de quince días, veinticinco gramos de canela de Ceilán, veinte de naranja seca y cinco de flor de azahar; pasados esos días se hace un almíbar clarificado con medio litro de agua y trescientos gramos de azúcar fino; cuando el almíbar está a punto de caramelo se deja enfriar y ya frío se mezcla con el alcohol y se filtra.

LICOR DE NARANJA.—Se tienen durante ocho días las cortezas peladas de cuatro naranjas grandes en un litro de aguardiente de Holanda y un pedazo de vainilla. Después de estos días, con una copa de agua y una libra de azúcar pilón se hace almíbar; cuando está frío se mezcla con el aguardiente y se filtra.

LICOR DE FRESA.—Se aplastan y exprimen bien medio kilo de fresas; en tres cuartos de litro de agua hirviendo se disuelve medio kilo de azúcar pilón y se vierte sobre las fresas, que se tendrán en un tamiz, y así sueltan todo el jugo; se tapan bien, y cuando se ha enfriado se agrega medio litro de alcohol, se deja todo unido unos dos días y se filtra.

CHARTREUSE.—En setecientos gramos de alcohol téngase macerando tres o cuatro días un gramo de raíz de angélica, uno de mirto, uno de clavo, uno de nuez moscada, uno de vainilla, dos de canela y unas hebras de azafrán.

Después, en seiscientos gramos de agua hirviendo se disuelven ochocientos de azúcar pilón; se mezcla con el alcohol muy bien y se filtra.

OTRA FÓRMULA.—Se ponen en una vasija dos litros de alcohol con un frasco de esencia de chartreuse; luego se disuelven cinco libras de azúcar pilón en dos litros y medio de agua (puede disolverse al fuego para mayor brevedad), y se incorpora una vez deshecho, al alcohol y esencia.

Se pone unos hilos de azafrán para darle color, y se filtra.

Para que el color salga por igual, después de filtrado se une todo, y últimamente se embotella.

ANISETE.—Con medio kilo de azúcar y un cuarto de litro de agua se hace almíbar; mézclese medio litro de este almíbar con un cuarto de litro de anís, y cuando está bien mezclado, échese todo a una jarra o vasija de boca ancha para poder darle vueltas a menudo con una cuchara de madera; a los tres o cuatro días se habrá hecho el almíbar, porque para que el anisete quede blanco hay que hacer el almíbar así, en crudo; de modo que hasta pasar esos días no se hace la mezcla, y entonces se filtra y se embotella.

MODO DE SERVIR BIEN UNA COMIDA

La señora de la casa, cuando tiene invitados, debe cuidarse personalmente de que esté la comida bien presentada y a tiempo; un plato bien condimentado pierde su mérito si no se presenta con gusto.

El uso ha introducido para la mesa reglas que es preciso conocer para no desagradar a los convidados.

Desde el principio ha de estar puesta la mesa tal y como ha de quedar hasta el fin de la comida.

Debe tener de uno y medio a dos metros de ancha, y el espacio reservado para cada individuo puede ser de cincuenta centímetros próximamente.

Lo primero se extiende el mantel sobre un muletón, que sobresalga de la mesa de treinta a cuarenta centímetros.

Para las comidas de etiqueta no está admitida más que la mantelería blanca adamascada o tejidos de Holanda con bordados o guipur; para el campo y para comidas familiares está admitida la mantelería de color.

En el centro de la mesa se coloca una cesta o canastillo con flores, y si hay frutas, se colocan las dos cosas mezcladas; en los extremos (si no está el comedor alumbrado eléctricamente), unos candelabros con sus pantallitas. En el trinchero se colocan los platos y comporteros, postres, cubiertos para cambiar y lo necesario para que los criados puedan tomar con facilidad.

En el sitio de cada convidado se coloca un plato; a la izquierda el tenedor, a la derecha la cuchara y el cuchillo en un porta-cuchillos.

Colocar los vasos de derecha a izquierda, por orden de tamaño; vaso para agua, para Burdeos, para Madera; copa para Champagne. El vino del Rhin se sirve en vaso de color, los licores en copitas a propósito.

En la tarjeta que lleva el nombre de cada convidado, se escribe el menú y se coloca sobre la servilleta, y ésta, plegada, sobre el plato, y el panecillo debajo.

Si los cubiertos y cuchillos son de plata, el mérito principal es que sea muy brillante; los de plata mate y oxidada, con sus cinceladuras, puede ser de más efecto artístico, pero no hace tan limpio; los cuchillos pueden ser de fantasía, siempre que sean de estilo bonito.

Pueden ponerse garrafitas de agua y de vino, para que cada invitado tenga una a su derecha y otra a su izquierda; entre cada persona se coloca un salero con su cucharilla.

Puede decirse de la vajilla que están admitidas todas las porcelanas sencillas o doradas, y todas las lozas.

La vajilla lisa de plata u oro, siempre es de muy buen efecto; para los postres, si se tiene porcelana china, sajona o de Sévres, debe usarse.

En general, se cambia por completo el cubierto después del pescado, pero en algunas casas cambian el tenedor y el cuchillo después de cada plato.

Aún cuando la comida principie con luz del día, como para cuando termine habrá oscurecido, es de buen tono correr las cortinas y encender las luces antes de principiar.

Si el servicio de la comida lo hacen hombres, deben tener guantes blancos de hilo o algodón y calzado que no haga ruido; de los guantes han de darse a cada criado tres o cuatro pares, pues es preferible servir sin nada que hacerlo con guantes sucios; si el servicio está hecho por mujeres, no deben llevar nada en las manos.

Los aparadores y mesitas de servir estarán cubiertos con mantelillos blancos, lo mismo que el trinchero, procurando que todo cuanto pueda necesitarse se encuentre allí.

Los criados quitan los platos uno por uno, pues es de muy mal gusto quitarlos poniendo uno sobre otro; al servir debe el criado presentar la fuente por la izquierda y bastante baja, para que el convidado se sirva con comodidad; al presentarla debe llevar sobre la mano y debajo de la fuente una servilleta doblada en cuadro y poniendo la mano muy abierta.

Generalmente se sirve primero a las señoras y después a los caballeros; pero es mucho más práctico ir dando vuelta. Cuando hay muchos invitados se sirve con dos criados, empezando por las dos señoras que estén a derecha e izquierda del amo de la casa.

El vino se sirve a la derecha, y debe anunciarse la marca antes de echarlo. Los vinos de Burdeos se sirven ligeramente tibios, es decir, a la temperatura de la habitación; el vino de Borgoña y los vinos blancos de Jerez se sirven fríos, a la temperatura de la bodega. Los vinos de Champagne se sirven ligeramente helados.

MENÚS

PARA ALMUERZOS.—Primero. Entremeses, huevos al plato, pescado, chuletas de cordero, leche frita, quesos y frutas, vinos, café y licores.

Segundo. Entremeses, tortilla con espárragos, merluza con mayonesa, ternera en salsa, codornices asadas, postres, vino, café y licores.

Tercero. Entremeses, huevos estrellados, bacalao rebozado, ternera con aceitunas, pichones, cuajada, postres, vinos, café y licores.

Cuarto. Entremeses, huevos con guisantes, besugo asado, beefsteak, crema de café, postres, vinos, café y licores.

Quinto. Entremeses, tortilla con picadillo, merluza a la vinagreta, chuletas de primavera, solomillo de cerdo, tarta de manzanas, queso y galletas, vinos, café y licores.

Sexto. Entremeses, huevos a la marinera, anguilas fritas, ternera con champiñons, sesos huecos, codornices con tomates, postres, vinos, café y licores.

PARA COMIDAS.—Primero. Entremeses, ostras, sopa de arroz, truchas con jamón, pollo asado, ensalada, guisantes con huevos, soplillo de chocolate, quesos y frutas, vinos, café y licores.

Segundo. Entremeses, juliana con huevos, lenguados al plato, salmón, pecho de carnero asado, judías verdes, flan de leche, quesos, galletas y uvas, vinos, café y licores.

Tercero. Entremeses, sopa de macarrones con queso, lenguados con almejas, perdices estofadas, alcachofas rellenas, ternera con patata moldeada, mantecado helado, pastel moka, quesos y frutas, vinos, café y licores.

Cuarto. Entremeses, consommé de aves, truchas con limón, solomillo de cerdo al horno, pastel de coliflor, pollo a la marinera, helado de avellana, bizcocho con frutas, postres de frutas, vinos, café y licores.

Quinto. Entremeses, sopa de acederas y huevos, rodaballo en caldo corta, sardinas rebozadas, envueltas de pechugas, pichones en salsa, espinacas, helado de fresa, pudding de manzanas, postres, vinos, café y licores.

Sexto. Entremeses, sopa de croqueta, tarta de merluza, lubina asada, ternera a la jardinera, liebre a la casera, leche helada, postres, vinos, café y licores.

PARA BANQUETES.—Primero. Entremeses muy variados, sopa de ostras, consommé de carnes, huevos con mantequilla, truchas rellenas, carpas a la alemana, pollos asados, espárragos con huevos, ternera a la Marengot, lengua a la escarlata, gelatina de crema, queso helado, quesos y frutas, vinos, café y licores.

Segundo. Entremeses variados, caldo español, arroz con menudillos, tortilla con sesos, cola de merluza asada, anguilas con salsa de tomate, becadas, alcachofas rellenas, pavo asado, riñones al jerez, jamón en dulce, sorbete de melocotón, bizcocho para banquete, frutas, quesos y dulces, vinos, café y licores.

Tercero. Entremeses, caldo de legumbres y verduras, sopa de almendras, huevos de primavera, lenguados con almejas, calamares en su tinta, pechugas de gallina, pichones al jerez, menestra de guisantes, gallina trufada, brazo de gitano, helado de almendra, postres variados, vinos, café y licores.

Cuarto. Entremeses, caldo de aves, sopa de yemas, tortilla de bechamelle, salmonetes con tomate, langosta a la americana, solomillos de carnero, liebre a la casera, cardo al natural, jamoncillo trufado, biscuit de coco, sopa cana, frutas, quesos y dulces, vinos, café y licores.

Quinto. Entremeses, caldo improvisado, arroz con langostinos, huevos con salchichas, salmón a la generosa, pescadillas al gratín, faisán relleno, espárragos a la andaluza, conejo en pepitoria, cabeza de cerdo, helado de grosella, budding, frutas, quesos y dulces, vinos, café y licores.

Sexto. Entremeses, sopa real, consommé de almejas, tortilla con picadillo, dorada, langostinos a la americana, ganso a la inglesa, alcachofas rellenas, chochas al horno, gazapos en papillotes, helado de café con leche, crema con bizcochos, quesos, frutas y dulces, vinos, café y licores.

RECETAS ÚTILES

PARA EL TOCADOR.—Para hacer jabones colorantes, poniendo 10 por 100 de aceite de coco, otro 10 por 100 de sosa cáustica disuelta en 40 por 100 de agua. Se deja hervir una hora. Después de completa vaporificación se mezcla colofonia 15 por 100.

Se deja hervir un cuarto de hora; se prepara una solución de 2 por 100 de cloruro de sodio (sal común), y otro 2 por 100 de sulfato de sosa disuelto en cuatro litros de agua.

Se agrega el producto de la saponificación, en tres veces se hace la mezcla, y luego, según el color que se desee, se añade 1 por 1.000 de cristalina, 1 por 1.000 de sosautilina o de benzo azul, etc.

JABÓN PARA AFEITARSE.—En un litro de agua se ponen a hervir tres limones cortados en rajas, tamizándolos y exprimiéndolos bien.

Luego se funden en esta agua tres libras de jabón de Marsella, y cuando está bien derretido se aparta del fuego, se mezcla con libra y media de almidón en polvo y se le añaden unas gotas de esencia de limón. Se amasa bien la pasta y se da la forma de pastillas. Resulta muy bueno.

AGUA PERFUMADA.—Póngase en cuatro onzas de aguardiente una de benjuí, dos de estoraque y un poco de raíz de lirio de Florencia en polvo, dejándolo todo ocho horas en el rescoldo del fuego. Luego se pasa el líquido por un lienzo y sobre las heces se echan otras cuatro onzas de aguardiente, para sacar nuevo producto, que se mezcla con el primero y se embotella.

DENTÍFRICO

Alcohol de 90º 1/4 de litro.
Cochinilla 2 gramos.
Clavo de especias 15 —
Canela, corteza 10 —
Anís en grano 15 —
Raíz de pelitre 10 —
Quina de loja 20 —
Esencia de menta 3 —

Se muele muy bien todo, se echa en el alcohol y se deja unos quince días, después se filtra, se echa la esencia de menta, y se cierra la botella herméticamente.

AGUA DE COLONIA

Alcohol de 32º 400 gramos
Esencia de bergamota 4 —
— cidra 4 —
— cidrato 2 —
— lavanda 2 —
— flor de naranjo 1/2 —

— rosas 1/2 —
Tintura de almizcle 1 —
— benjuí 6 —
— ámbar 1/3 —

Se mezcla bien todo con el alcohol, se deja muy tapado unos días y se filtra.

PARA LAVAR LA CABEZA.—En un vaso de agua se pone una cucharada de bicarbonato de sosa y tres yemas de huevo batidas; se mezcla todo bien, y con ello se frota la cabeza en todas direcciones; luego se aclara varias veces con agua templada.

DESINFECCIÓN DE OBJETOS DE TOCADOR.—Como todo lo que hay en el tocador no puede someterse a la ebullición, hay que buscar composiciones antisépticas que obren en frío.

Se toma una solución compuesta de lo siguiente:

Formol comercial 40 gramos.
Alcohol a 90 grados 560 —
Agua 400 —

o las soluciones de lisoformo al 5 por 100, suficientes tras un contacto de cinco a seis horas, para esterilizar cualquier objeto cargado de estafilococos o de bacilos de Eberth. Puede también emplearse el agua oxigenada al 5 por 100. Bastará con añadir a una parte dos de agua común y dejar los objetos en inmersión durante una hora.

PARA LOS DIENTES.—Para consolidar los dientes es muy conveniente limpiarse y jabonarse con agua bicarbonatada después de cada comida; y por la noche, antes de acostarse, pasar con un pincelito, sólo por las encías, la siguiente mezcla: tintura de yodo, tintura de mirra y tanino en alcohol por partes iguales.

Segunda fórmula.

Crema de tártaro 65 gramos.
Alumbre calcinado 3 —
Azúcar de leche 35 —
Carmín 3 —
Esencia de menta 3 —

Mezclar todo y darse en las encías.

POLVOS DENTÍFRICOS

Carbón de leña pulverizado 50 gramos.
Polvo fino de quinina gris 25 —
Tanino 3 —
Esencia de menta 1 —

Es la mejor preparación que se conoce para los dientes y las encías.

PARA LOS OJOS.—Se pone a macerar durante quince días

Agua destilada 100 gramos.
Sumidades de romero 6 —

Después de macerado en una vasija de barro y al sol, se filtra y se agrega:

Agua de rosa 3 gramos.
Aguardiente fino 3 —

Dése suavemente todas las noches con algodón y déjese secar.

Para hacer desaparecer las manchas de la cara, lávese con agua caliente, en la que se habrá disuelto sulfato de sosa.

Para deshinchar los párpados.

Aceite de almendras dulces 20 gramos.
Flores de meliloto 1 —
Flores de la planta corazoncillo 1 —

Se deja dos horas en maceración al baño maría en vaso tapado. Oprímase todo, fíltrese y humedézcase los párpados, dejándolos secar sin frotarlos.

PASTA PARA LAS MANOS.—Se toman sesenta gramos de polvos de talco, pasándolos por un colador fino, para evitar que forme grumos, se mezclan con el jugo de medio limón y un poco de glicerina; se tiene en frasco herméticamente cerrado y se frota todos los días.

PARA HACER DESAPARECER LAS ARRUGAS DE LOS PÁRPADOS.—Se lava con agua de meliloto, después se pone, por la noche, una capa de la pomada siguiente:

Vaselina 60 gramos.
Polvo de alumbre 0,75 —
Bálsamo de la Meca 10 —
Tanino al éter 0,25 —
Sulfato de alúmina 1 —

Al ponerse la pomada se ha de procurar que no penetre en los ojos.

PARA TENER BUEN COLOR EN LA CARA

Almendras dulces 200 gramos
Alcohol de vino a 60° 35 —
Agua de rosas 40 —

Mézclese; agítese el frasco, y con un paño de batista se frota suavemente la cara, dejándolo secar.

PARA LOS ROSTROS DEMASIADO PÁLIDOS.—Cuando el color es demasiado pálido, se disuelve una cucharada de sal en un vaso de agua, se friccionan las mejillas todas las mañanas con esta solución, y se devolverá poco a poco a la cara los colores de la salud, porque se habrá activado la circulación.

PARA LAS UÑAS.—Las uñas necesitan especial cuidado; he aquí una buena preparación:

Aceite de abedul 10 gramos.
Tintura de estoraque 5 —
Esencia de miel de Inglaterra 10 gotas.

Untarlas por la mañana y por la noche y cubrirlas con algodón en rama. También es conveniente tomar antes de cada comida un sello de la fórmula siguiente:

Azufre lavado pulverizado 0,20 gramos.
Hipofosfito de cal 0,20 —
Silicato de potasa 0,05 —

Arseniato de hierro 0,01 —
Lactato de manganeso 0,05 —

Háganse sesenta sellos con todo esto (cada uno), y tomar dos cada día.

Al cabo de un mes las uñas estarán más fuertes y serán menos quebradizas, las manchas blancas desaparecerán y las rayaduras se nivelarán.

RECETAS PARA LIMPIEZA

LEJÍA.—Se ponen en un balde seis litros de agua hirviendo y se echa

    Sosa cáustica 250 gramos.
Cloruro de cal 250 —
Sal sosa 750 —
Sal común 1 kilo.

Se tapa y se deja cuatro días, teniendo cuidado de darle vueltas a menudo con una palita de madera; pasado ese tiempo, se embotella y tapa con buen corcho.

JABÓN DE SEBO.—Se pone en una caldera a propósito todo en frío:

    Agua 6 litros.
Sebo de vaca 2 kilos.
Sosa cáustica 1/2 —
Resina 1/2 —
Aceite de coco en pasta 50 gramos.
Sal cristalina 5 —

Se acerca la caldera al fuego, y con un palo se le da vueltas sin cesar.

Se conoce que está hecho, en que al sacar a gotas en un plato quedan como lentejas y se desprenden.

Si se saca a caja de madera, se pone antes una arpillera, y si es a moldes de hoja de lata, no hay que poner nada, sino sacarlo y dejar que se seque.

JABÓN DE ACEITE (AL FUEGO).—Cantidades:

Agua 13 litros.
Aceite 13 —
Sosa cáustica 3 kilos.
Resina 1 —

Modo de hacerlo: se ponen al fuego tres litros de agua; se echa la cáustica y se va deshaciendo; cuando está deshecha se va incorporando el resto del agua.

A la vasija donde está el aceite se va echando el agua con la sosa; una persona va echando, mientras otra está sin cesar dando vueltas con un palo, siempre al mismo lado; este batido ha de durar dos horas, dejando la mezcla en reposo unas diez y seis horas.

Pasado ese tiempo se echa el kilo de resina y cien gramos de sal común, y mientras hierve, que será otras dos horas, se ha de estar sin cesar de batir, sacándolo después a los moldes.

JABÓN DE ACEITE (EN FRÍO).—Se echa en tres litros de agua medio kilo de sosa cáustica y se deja un día. Cuando la sosa está bien deshecha, se le añaden diez gramos de polvos de jaboncillo, y a continuación una persona va echando poco a poco hasta tres litros de aceite, mientras otra, con un palo, revuelve sin cesar, siempre al mismo lado. Después de estar batiendo dos horas, y cuando está como natilla espesa, se echa a los moldes.

PASTA PARA DAR BRILLO A LOS SUELOS.—Sin acercarlo al suelo, se ponen en medio litro de aguarrás doscientos cincuenta gramos de cera blanca deshecha, cien gramos de jabón corriente y veinte gramos de esperma. Se deja reposar unas doce horas. Pasado este tiempo, y siempre fuera del fuego, se bate con un palo como una hora.

Después se va dando a la madera frotando con el cepillo y luego con una bayeta a propósito. Aún cuando se pase la bayeta a diario, la pasta basta darla dos veces al mes.

CREMA PARA EL CALZADO DE COLOR.—Se pide en la droguería tres pastillas de cera de zapatero (de color amarillo); se echa un trozo de cera blanca y se deshace todo al fuego; se separa, y sin cesar de revolver se mezclan treinta gramos de aguarrás, se echa en cajitas de betún y se deja enfriar.

CREMA PARA EL CALZADO NEGRO.—Se hace igual que la anterior, con la diferencia de las pastillas, que en lugar de ser de color han de ser negras.

OTRA FÓRMULA.—Se hacen fundir al baño maría cuarenta gramos de cera amarilla para diez céntimos de negro de marfil con una cucharada grande de aceite de lino. Cuando todo esté fundido se le incorpora, lejos del fuego, veinte gramos de esencia de trementina.

MODO DE LIMPIAR LA PLATA.—Lo más corriente es limpiarla con agua jabonosa; pero siquiera un vez por semana debe limpiarse con una papilla hecha con agua y bicarbonato; cuando las bandejas, fuentes, y, en general, la vajilla de plata está muy sucia, se le pasa un paño, cepillo o brocha mojada en amoniato líquido de veintidós grados; se frota después ligeramente con una franela o gamuza y quedará muy limpia y brillante.

PARA LIMPIAR BRONCES.—Se mezclan ocho partes de tiza con una parte de flor de azufre, pulverizados lo más finamente posible. Con un trapo de lana mojado en la mezcla se frotan los objetos de bronce y quedarán brillantes como el oro.

PARA LIMPIAR EL MÁRMOL.—Se ponen en una taza tres o cuatro cucharadas de agua, dos de sosa, una de piedra pómez pulverizada y una de tiza en polvo.

Se hace con todo una pasta y se frota con ella el mármol. Después se pasa una esponja con jabón, y el mármol queda como nuevo.

PARA LIMPIAR MANCHAS DE ACEITE DEL CUERO.—Se mojan las manchas con espíritu de sal de amoníaco durante unos momentos, y en seguida se lavan con abundante agua para impedir que aquella sustancia se coma el color del cuero.

PARA LIMPIAR OBJETOS DE HIERRO.—Se ponen en un litro de petróleo ordinario veinte gramos de parafina.

Se untan las piezas de hierro con esta mezcla y se deja reposar toda la noche; al día siguiente, basta frotar con un trapo de lana seco, y quedará muy brillante.

PARA LIMPIAR LOS MUEBLES.—Se emplea lo siguiente:

Oleato amónico 20 gramos.
Amoníaco 20 —
Barniz de goma laca 60 —
Aceite de lino 60 —

Primero se mezclan el amoníaco y el oleato, después se añade la goma laca y, por último, el aceite, mezclando todo bien; este líquido se aplica con una muñeca de tela, después se frota bien con un paño de lana hasta que se seque.

PARA LIMPIAR FRANELAS.—La franela no se lava nunca con jabón, porque se pone amarillenta; se limpia con lo siguiente:

Harina 3 cucharadas.
Agua 3 litros.

Se lava primero la franela para quitar el polvo; después se tiene un buen rato en esta composición y vuelve a pasarse por agua clara.

OTRA FÓRMULA.—También se lavan franelas y lanas blancas con lo siguiente:

Se echa una buena cucharada de bórax por cada medio litro de agua y se vierte una parte de esta mezcla en agua caliente.

En esta solución se lava, agregando poco a poco la solución de bórax. Se enjuaga en agua caliente que contenga un poco de sal común.

Se extiende y sacude la tela, poniéndola a secar inmediatamente en sitio bien ventilado.

LIMPIEZA DE ACERO.—Para que el acero conserve su brillo, basta pasar un pincel mojado en aceite mezclado con hollín tamizado, y frotarlo en seguida hasta que el metal recobre su brillo.

PARA LIMPIAR MANCHAS DE TINTA.—Se mezclan en partes iguales alumbre, azufre, sucino y salitre, todo ello pulverizado, y se echa en pequeña cantidad sobre la mancha de tinta cuando está fresca; se frota con un trapito limpio y desaparece la mancha totalmente.

PARA LIMPIAR CERA O ESPERMA.—Mejor que un metal caliente sobre un papel de estraza es empapar bien la mancha con alcohol puro, o, en su defecto, aguardiente muy fuerte; se deja un rato, se frota y se la ve caer hecha polvo.

PARA LIMPIAR CAMAS.—Cuando las camas son viejas se frotan con parafina, y cuando se haya secado, al cabo de dos o tres días, se pintan con pintura de esmalte; hay que dar dos o tres manos.

FINIS

www.ingramcontent.com/pod-product-compliance
Lightning Source LLC
Chambersburg PA
CBHW081110080526
44587CB00021B/3525